釈ビューティー！

Shaku Beauty

コンプレックスから生まれた釈ビューティ

２００８年６月、私は30歳の誕生日を迎えました。

20代までの私はコンプレックスの塊で、自分は太っているという強迫観念と、”美しい＝やせている“という思いこみから、何がなんでもやせなくちゃ！　とつねにジタバタもがいていました。病的なやせ方をしたかと思えば、反動によるリバウンドの繰り返し。テレビや写真に映る自分の姿に愕然としては、さらに自分が嫌いになっていく……。それが20代の私・釈由美子の姿でした。

ところが30歳になった今、これまでの人生の中で一番自然体な自分で、ダイエットや美容と向き合うことができています。

何が変わったかといえば、ありのままの自分を受け入れられるようになったこと。私のダイエットそして美容の歴史はまさに失敗の連続だったけれど、その失敗のおかげで本当の自分を知ることができた。たくさんの痛い経験があったからこそ今があるんですよね。

失敗しても、そこから何かを学べばいい。自分に自信が持てずにいた20代までの私のような人に、少しでも勇気を持ってほしいから、失敗ばかりの恥ずかしい過去を包み隠さずお話ししてみようと思います。

人から必要とされたい、自分の居場所を見つけたい。そんな思いが人一倍強くコンプレックスだらけだった私は、みんなから「釈ちゃーん！」と名前を呼んでもらえるアイドルになりたくて、この世界に飛びこみました。最初にいただいたお仕事はTBSの深夜番組『ワンダフル』のアシスタント〝ワンギャル〟。グラビアアイドル、レースクイーンなど華やかな世界を経験してきた人ばかりの中で、素人同然の私は「私、この中で一番デブでブスだ」と劣等感に苛《さいな》まれました。

転機は映画『修羅雪姫』の主役に抜擢していただいたことでやってきました。バラエティー番組に出させていただくことが増え、自分の意に反し〝不思議ちゃん〟〝天然〟というキャラクターが浸透していたころです。そんな私がハードなアクションの主役に起用されたのがうれしくて、必死でトレーニングに取り組みました。鍛えたぶんだけ体が変化するのが楽しくて、自衛隊員の役だった『ゴジラ×メカゴジラ』では実際に自衛隊に入隊し匍匐《ほふく》前進や降下訓練までこなしたほど！

このころまでは、役に合わせてどれだけ自分の体を変えられるかに夢中で、ストイックなトレーニングにどんどんのめりこんでいってた時期です。

ところが『スカイハイ』では、作品への期待の大きさや責任感から大きなプレッシャーに襲われます。生や死を扱う作品のテーマも重く精神的にどんどん不安定になっていくのですが、そんな心と体のバランスをやせることで保とうとしていたところがありました。このころの写真を見ればやせすぎなのは一目瞭然。それでも「まだ全然デブだから」と病的なまでに〝やせる〟ことに執着していったんですよね。

皮肉なことにカッコいいボディのアイコンとしていくつかのＣＭのお仕事をいただくようになったのもこのころ。女性誌やフィットネス系の雑誌から〝美の秘訣〟というような企画で取材を受けるたび、葛藤が増しました。だって自分はスリムでもなければ、目標にされるような美からほど遠いんですから！　それでも期待には応えたいと、数日間ほとんど何も飲まず食わずで撮影に臨むこともしょっちゅうだったんです。

元々冷え体質からくる代謝の悪さから、むくみや下半身太り、乾燥肌に悩んでいました。そこにきて重度なコンプレックスと完璧主義が、たびたび私を過度なダイエットに走らせることに。りんごだけ、グレープフルーツだけ、たまごだけという単品ダイエット。スカイウォーカーやボディブレード、ＥＭＳといった通販機器。健康番組をチェックしては納豆やキャベツなど、流行のダイエットにはほとんど手をつけたのではないでしょうか。

本来食べることが大好きで量もいっぱい食べたいタイプなのに我慢をするから、食べ物のことばかり考えてしまう。無理に食欲を抑えつけていると、今度は食べ物を口に入れることが恐怖になってくる。

ある日友達がやせすぎを心配して、袋いっぱいの菓子パンを2袋買ってきたことがあります。涙をポロポロこぼし「食べたくないよー」と抵抗しながらも、無理やり食べさせられているうちに張っていた糸がプチンと……。それからは、世の中にこんなおいしいものがあったのかとひたすら食べまくりました。見るものすべて食べたくなってドカ食いに走った結果、体重は自分史上最高を記録！　一番やせていた『ス

釈由美子'S BEAUTY HISTORY

1978

お調子者扱いだった四姉妹の次女・由美子

釈家の次女として'78年6月12日に誕生。しっかり者の長女、人気者の三女とキャラ立ちした四人姉妹の中で、お調子者のジャンルに入れられていた幼少期は、バカなことをいってみんなを笑わせながらも落ちこむことが多かった。

'86

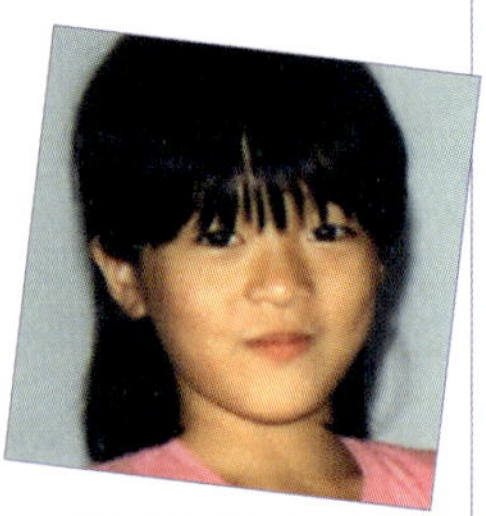

両親に愛されたいと勉強ばかりしていたころ

「お前が姉妹で一番不細工だった」と父にしょっちゅうからかわれたり、姉妹の中で写真が一番少ないことから劣等感の強い子供時代。優等生になれば両親にもっと愛されるかもと、学級委員になったり、勉強ばかりしてました。

'98

他人に必要とされたい思いから芸能界へ

大学受験で志望校に落ち、さらに劣等感が加速。短大では友達が就職先を決めていく中取り残され、就職活動の一環で現在の事務所に履歴書を送付。必要とされたい思いが強いわりに、化粧っ気もない地味な学生がいきなり芸能界へ。

2002

第1回ネイチャーフレンズアワード受賞

'03

仕事の責任感などから病的にやせてしまう

主演ドラマ『スカイハイ』が好評で映画化もされるなど期待が重圧に変わったころ。自分を追いこむ性格が災いし、病的なダイエットを敢行。40キロ前後までやせてガリガリでも、「まだ全然デブだからやせなくちゃ」と思っていた。

'05

カッコいいボディのアイコンとして『GUNZE』のポスターに起用されました。

女優として充実期だが体重は増減していたころ

『黒革の手帖』『7人の女弁護士』など評価の高い作品に恵まれ、女優としては充実していたころ。しかし激やせとリバウンドを繰り返し、まだ迷路から抜け出せないでいました。写真の『7人の〜』クランクアップ時はだいぶふっくら。

出演した『7人の女弁護士』が話題にベストジーニスト2006受賞

'07

仕事も体もメンタルもこれまでで一番ベスト!

野菜食を中心に体の中から美を整えていく生活もほぼ1年。加圧にも出合い、健康的なボディと美肌はますます絶好調。仕事もメンタルもビューティもまさに今がベスト! これからも美容オタクぶりに磨きをかけていくつもり。

『7人の女弁護士』に再主演
Eーライン・ビューティフル大賞受賞

'08

自信のなさからお受けできなかった化粧品のCMにも再び出演することに。

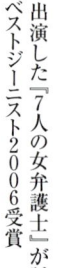

カイハイ』のころは40キロ前後で、これはやせすぎだったにしても、このころより10キロ以上太ってしまったんです。このことからも、体重が極端に増減していたことがわかってもらえるはず。

実は拒食症と過食症を行ったりきたりする中、精神的にもかなり疲弊して軽い鬱の症状に悩まされることや、過呼吸の症状が頻繁に出て、倒れることも一度や二度ではない状態でした。

とにかく、20代の私はどれをとっても、”自分らしさ“”自然体“というものから、とことんかけ離れていました。つまりそれは、本来の自分を否定し、自分の体を痛めつけることなのですから、どこかで歪みが生まれてくるのも当然なんですよね。

ダイエットの仕方がナチュラルでなかったのか、ある時、妹のエステサロンでデトックスの施術をしたら、巻いていた発汗シートを開いた瞬間……どこか人工的というか、不健康な人間の匂いがしたんです。こんな体はもう嫌と強く思いました。

時期を同じくして、雑誌の美容特集で玄米菜食に挑戦したのですが、たった1週間なのに体の変化を実感してしまいました。体が喜ぶことをしてあげればちゃんと返ってくる。体ってこんなに素直なんだと、目からうろこの体験でした。限界を超えて無理をしたり不自然なものを取りこんだら、どんなふうに反動があるかも経験から十分わかっていただけに、このことは私の意識を大きく変えました。

おりしも30歳のカウントダウンに突入し、仕事もプライベートもどっちつかずでゆれていた時期。このまま30歳になっていいのかと自問自答しては落ちこんでいたのですが、腹をくくって中途半端な自分もまるごと受け入れてみよう。ふとそんな発想が生まれてきたんです。だから『銀幕版　スシ王子！　～ニューヨークへ行く～』でお寿司にハマり激太りをしてしまった時も、ゆっくり時間をかけて戻していこうと決意。玄米とお野菜中心のお弁当を用意して仕事に行きました。そうしたら本当にゆっくりだけど、着実に体重が減っていったんですよね。しかも、しばらく経っても戻らない！

'08年に入ってからは加圧とも出合い、さらに理想的な体型に近づいていってます。30歳の誕生日を迎えたのはドラマ『7人の女弁護士』の撮影中でしたが、スタッフや共演者に恵まれた充実した作品への再主演でもあり、気がつけば開放感にあふれ楽に呼吸ができている、それまで会ったことのない30歳の私がいました。

無理を重ねてボロボロだった20代ですが、無駄だったとは少しも思いません。失敗して学んだ集大成が今の私だと思うから。何もしないでもきれいだったり食べても太らない人を羨ましく思ってきたけれど、きれいになりたい思いが切実だったからこそ努力も続けられたし、美容オタクといえるほどの知識も身につけられたんですよね。無理をしすぎると反動が出ることも知ったから、必要以上の無茶もしない。

この『釈ビューティ！』では、たくさんの失敗を繰り返してたどり着いた、今の私にとってベストと思えるケアでありアイテムをすべて公開しています。ハマりこんだらどこまでも……という性格のせいで、かなりマニアックなことをしているかも。そんなことできないよと思う内容もあるかもしれませんが、気になったところから試してみて、いいと思ったところから取り入れてみてください。

何よりこの本が、今の自分を少しでも好きになるための手助けになったとしたら、心から幸せです！

Contents

CHAPTER 1

釈式ワークアウト

基本的にストレッチやエクササイズは
毎日欠かさず行っています。最初は辛く感じても
体のラインも変わってくるし、楽しくなってきます。

釈式ワークアウト

下半身が太りやすく、やせることへの憧れが人一倍強い私。ジム通いをしてマシントレーニングに明け暮れたり、映画の役作りのため自衛隊に体験入隊して体を鍛えたり。一時は腹筋がボディビルダーのように6つにわれて「ちょっと方向をまちがえているんじゃないの!?」というぐらい、鍛え上げていた時期もあり、何でもひと通りやってきた自信があります。そんな中で少しずつ自分に合うもの、合わないものをふりわけていって、やっとたどり着いたのが現在のエクササイズスタイル。

そのスタイルとは、週に何回かスタジオで加圧トレーニングを受け、家では毎日自分なりのワークアウトやストレッチを行うというもの。自宅でのワークアウトはヨガやピラティスがベースになっています。有酸素運動とコアトレーニングで体が鍛えられ、女性らしくしなやかな筋肉がつけられるし、姿勢もよくなります。また筋肉が増えると基礎代謝（呼吸や内臓を動かすことなどで消費される、生きるために最低限必要なエネルギー）も上がり、やせやすくなるのでダイエットをするなら食べ物を気にするだけでなく、運動をするのがやはり効率的。釈式ワークアウトでも、まずは大きな筋肉を鍛えてやせやすい体質になるということが基礎になっているので、ぜひベーシックワークアウトから行ってください。

　また、ご紹介するワークアウト以外にも、簡単な筋肉トレーニングや、ステッパーなどのグッズを使った運動、そしてDVDのエクササイズやダンスなどをプラスすることも。「ビリーズブートキャンプ」も除隊せずに最後までやりました（笑）。こういった運動は、たとえばフェイシャルのパックをしている間とか、料理を煮こんでいる間など、ちょっとあいてしまう10分、20分を使えば効率的。ほかにも撮影の合間にはダイエット効果のあるスリッパをはく、犬の散歩の時にエクササイズ効果が高まるシューズをはくなど〝ついでやせ〟も取り入れています。

釈式ストレッチ 朝

MORNING STRETCH

朝は、まだ寝ぼけている頭と体を覚醒させる元気いっぱいのストレッチを。
内臓も目覚めるので朝は食べられないとか便秘気味という人にもおすすめ。

MORNING 1

脚を肩幅に開いてひざ立ちになり、そのまま手で足首をつかむように、上体をそらせ数回大きく呼吸します。 足首やかかとまで手がつかない人は、腰に手を当てて支えてもOK。 内にこもっていたメンタルを開放してくれます。

MORNING 2

足の甲を持ち、できるだけ高く脚を上げます。 上げた脚と反対側の手を、床と水平にまっすぐ前にのばし、バランスを取り数回大きく呼吸しましょう。軸脚のひざが曲がらないように注意。集中力が高まるので仕事前にぴったり。左右ともに。

MORNING 3

脚をのばしてできるだけ開き、脚をつかんで体を支えながら反対側の手を真上にまっすぐ上げます。そのまま頭をひざにつけるように体を折り曲げます。もも裏をしっかりのばすこと。最後に上体を床と水平になるように起こします。それぞれポーズを取ったら数回大きく呼吸を。左右ともに。

MORNING 4

ももに反対側の足をつけ、胸の前で手を合わせます。そのまま手を真上にまっすぐのばし、大きく数回呼吸をします。左右ともに行うこと。メンタルのバランスを整えて、集中力を高めてくれます。長く立っていられない人は、自律神経が乱れている可能性があるので注意。

釈式ストレッチ 夜

NIGHT STRETCH

夜は神経をリラックスモードにして、眠りやすくしてくれるストレッチを。
ゆっくり静かに呼吸をしながら行うことも、心身を鎮静させるポイントです。

NIGHT 1

ひざ立ちになり、両手を肩幅に開いて前に置き、そのままお尻をつき上げるように体を起こし、数回呼吸をします。ひじやひざはまっすぐに。このポーズは深部までほぐれて、マッサージいらずといわれているので体がこっている時はぜひ。

NIGHT 2

正座をして両腕をまっすぐ前にのばして手を重ねます。そのまま数回呼吸を。上体をひねり、片手を床につけたまま体と垂直にまっすぐのばし数回呼吸を。左右ともに行いましょう。肩や背中のこりがほぐれて、体が軽くなります。

NIGHT 3

あぐらをかくような姿勢のまま、片足を反対側のももの横に置きます。腕をのばしながら上体を立てた脚のもものほうへひねり、数回ゆっくり呼吸。腰に負担をかけないよう、背中はまっすぐに。左右ともに行いましょう。腸の活性化によりデトックスできます。

NIGHT 4

あお向けになり、つま先までまっすぐのばします。そのまま脚を床と垂直にのばす、腰を手で支えながらお尻を浮かせて脚をのばす、つま先が床につくように体を曲げるという３ポーズを取り、それぞれ静止しながら数回呼吸します。最後まで行ったらきた時とは逆の順でポーズを取りながら、あお向けの状態に戻ります。むくみや冷えも改善できます。

釈式ワークアウトのゴールデンルール

効果を高めるエクササイズグッズ

道具は使わないほうが手軽に感じるかもしれませんが、私は道具があったほうがモチベーションが上がると思うのです。効果も高まりますし、おすすめです。また釈式ワークアウトにはベーシックとオプションの２種類があります。ベーシックは大きな筋肉を鍛えることで基礎代謝を上げ、やせ体質にしてくれるので必須。オプションはお悩みに合わせて取り入れてください。

うっかり落としても安心なやわらかダンベル

ソフトエクサボール（約10㎝・0.5㎏）２個　¥1,050　やわらかく、あやまって足などに落としても痛みが少ないボールタイプのダンベル。１㎏や1.5㎏もあるので男性にもおすすめです／ニシ・スポーツ

エクササイズの幅が広がるミニバランスボール

ソフトエクササイズボール（26㎝・0.15㎏）ブルー・ピンク　各¥600　脚の間にはさんだり、脚をのせたりと、意外と用途が広いミニサイズのバランスボール。クッションのようによりかかって使うことも／古川

心地いいマッサージ効果でエクササイズが長続き

ノーバーストマッサージボール（55㎝・1.1㎏）¥5,250
表面の突起のマッサージ効果で血流がよくなり、エクササイズの効果がアップ！　よりかかっているだけでも気持ちいい。楽に空気注入できるダブルアクションポンプつき／メテックス

TVを見ながらでも♪

エクササイズグッズ

リーズナブルな価格のピラティスリング

ピラティスリング FS-2737（385㎜・660g）¥2,980 ピラティスでよく使われているトレーニングアイテム。手やひざなどにはさんで力を入れることで、筋肉に効率よく負荷をかけることができます／古川

HOW TO DVDつきで初心者におすすめ

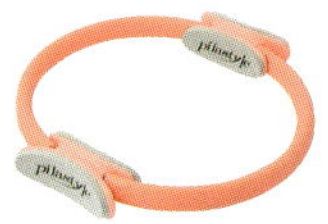

ピラスタイル（425㎜×387㎜×53㎜・430g）¥5,980 パーツ別のトレーニングを解説したDVDやブックレットがついていて、初心者でも取り入れやすいのが特長／レイシスソフトウェアーサービス

チューブを使ってエクササイズ効果アップ！

スポーツチューブ〈ミディアム〉（250㎝）¥1,680 足にかけて引っ張るなど、ゴムの強度を利用して効率よくエクササイズするためのグッズ。トレーニングマニュアルもついています。ハード・ソフトもあり／アシックス

引き締め効果を高めるコスメ&ラップ

左・ビューティデトクサー（150g）¥8,400
右・ボディーラップ・私物 加圧の加藤先生プロデュース。たっぷり塗り、体用のラップを巻いてワークアウトをするとスッキリ度がアップ！／スタジオボディデザイン

バランスのいい体作りに欠かせないエクサグッズ

BOSUバランストレーナー（直径650㎜×高さ350㎜・7㎏） ¥20,790 半球状で、バランス感覚を高めながらエクササイズができる優れもの。さまざまなトレーニングが可能です／フィットネスアポロ社

適度にのびて使いやすいトレーニングラバー

BBバンド トレーニングラバー ソフトタイプ（幅15㎝×長さ200㎝）¥1,890 ラバーの持ち方や使い方を変えることで負荷が調整できるので便利。ハードやスーパーソフトもあり／秦運動具工業

ベーシックワークアウト

腹筋上部

筋肉の中でも大きな腹筋を鍛えると、効率よく基礎代謝が上げられます。
腹筋上部とはおへそよりも上の部分で、筋肉を鍛えると姿勢もよくなります!

あお向けになり、手は頭の下で組み、足は肩幅に開きます。
両ひざでミニサイズのボールをはさみ、内ももに力を入れましょう。
ボールがない人は、クッションや枕で代用できます。

20〜30
セット

内ももに入れた力はキープしながら、腹筋運動をします。
腹筋を意識しながら、けんこう骨を高く上げるように意識をしましょう。
息を吐きながら体を起こしたら少し静止し、吸って元に戻ります。

応　用

Plus＋ねじれでくびれメイク

右ページの腹筋上部の運動に、ねじりを加えてくびれを作る運動です。アンダーバストがスッキリするとともに、ボールをはさむことで、お腹、内ももを引き締めることもできます。

BASIC 1

APPLICATION 1

基本のポーズは腹筋上部（右ページ）と同じ。片腕をのばし、反対側のひざを触るような感覚で体をひねりながら起こします。

BASIC 1

20〜30セット

APPLICATION 2

反対側も同様にひねりを入れながら腹筋運動を。体を起こしながら息を吐く、戻しながら吸うという呼吸は右の運動と同じです。

ベーシックワークアウト

腹筋下部

おへそよりも下に当たる腹筋下部を鍛えることで、ぺったんこな下腹に!
下腹部の筋肉はガードルとしての役割も果たしているので、内臓下垂改善にも役立ちます。

あお向けになり、両手を頭の下で組み、足は軽く開いてバランスボールの上にのせます。
バランスボールを持っていない場合は、ひざが直角に曲がるような高さであれば
ソファやベッドなどにのせてもかまいません。

↕

20〜30
セット

息を吐きながら、けんこう骨がなるべく高く上がるように上体を起こします。
バストあたりまで上体を起こしたら、息を吸いながら元に戻ります。
下腹部の筋肉を意識しながら行うのが効果的です。

応　用

Plus＋ねじれでくびれメイク

腹筋下部の運動にひねりをプラスして、キュッとしまったウエストに。
全体的には細いのに幼児体型というような人は、この応用を重点的に。

基本のポーズは腹筋下部（右ページ）と同じ。反対側のひざを触るようなイメージで片腕をまっすぐのばします。

20～30
セット

反対側も同じように行います。体を起こしながら息を吐く、戻しながら吸うという呼吸は腹筋下部の運動と同じです。

ベーシックワークアウト

背筋 ①

背筋が弱いと猫背になって姿勢が悪くなり、その結果バストが垂れたり
代謝が低下してやせにくくなるなど、きれいを邪魔するのでぜひ鍛えましょう!

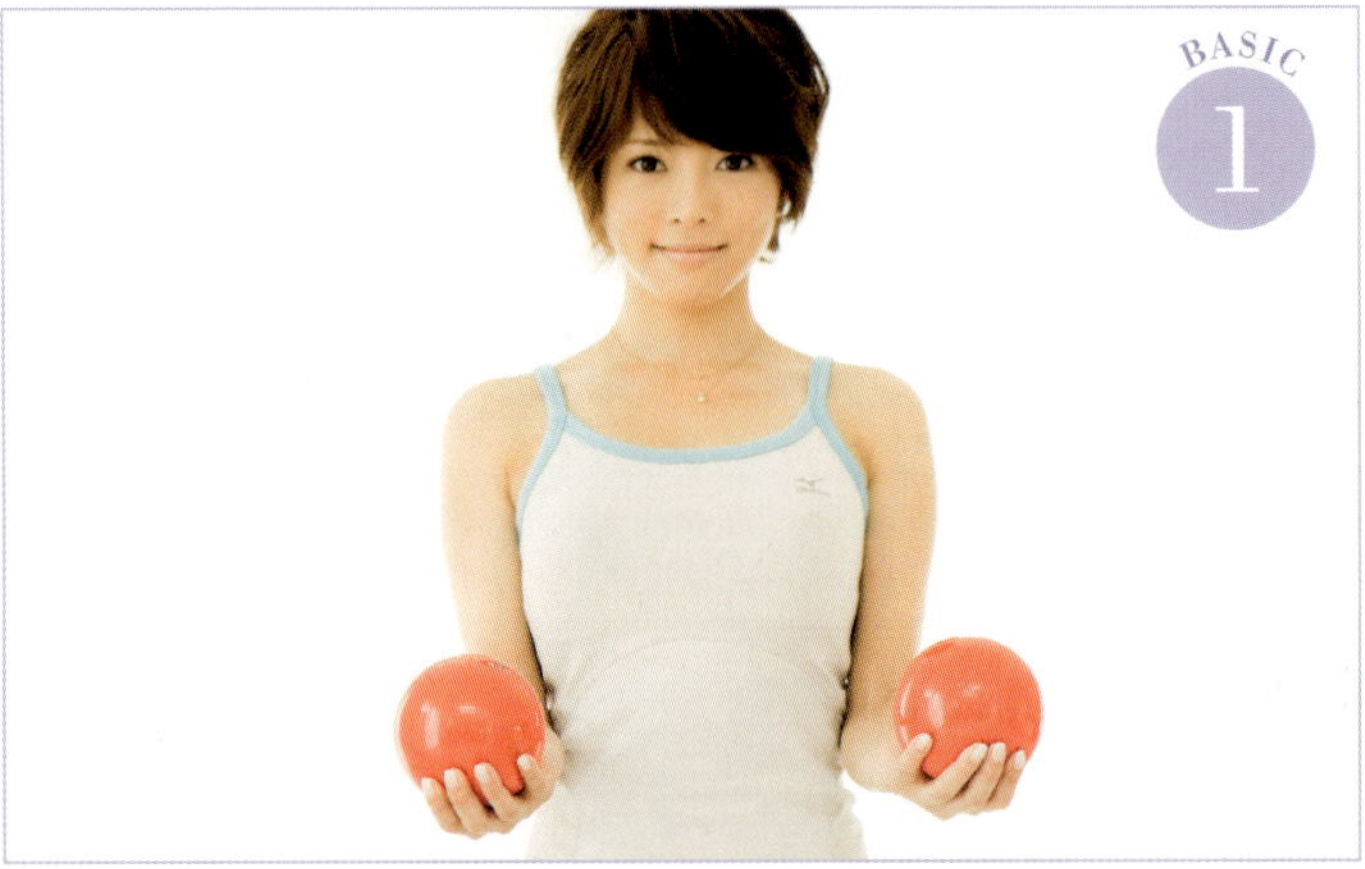

脚を軽く開いて立つか、イスに浅く腰かけて、背筋をまっすぐのばします。
両手にダンベルボール（最初は片手に500 gぐらいが最適。
水を入れたペットボトルでも代用可能）を持ち、ひじを直角に曲げます。

20〜30
セット

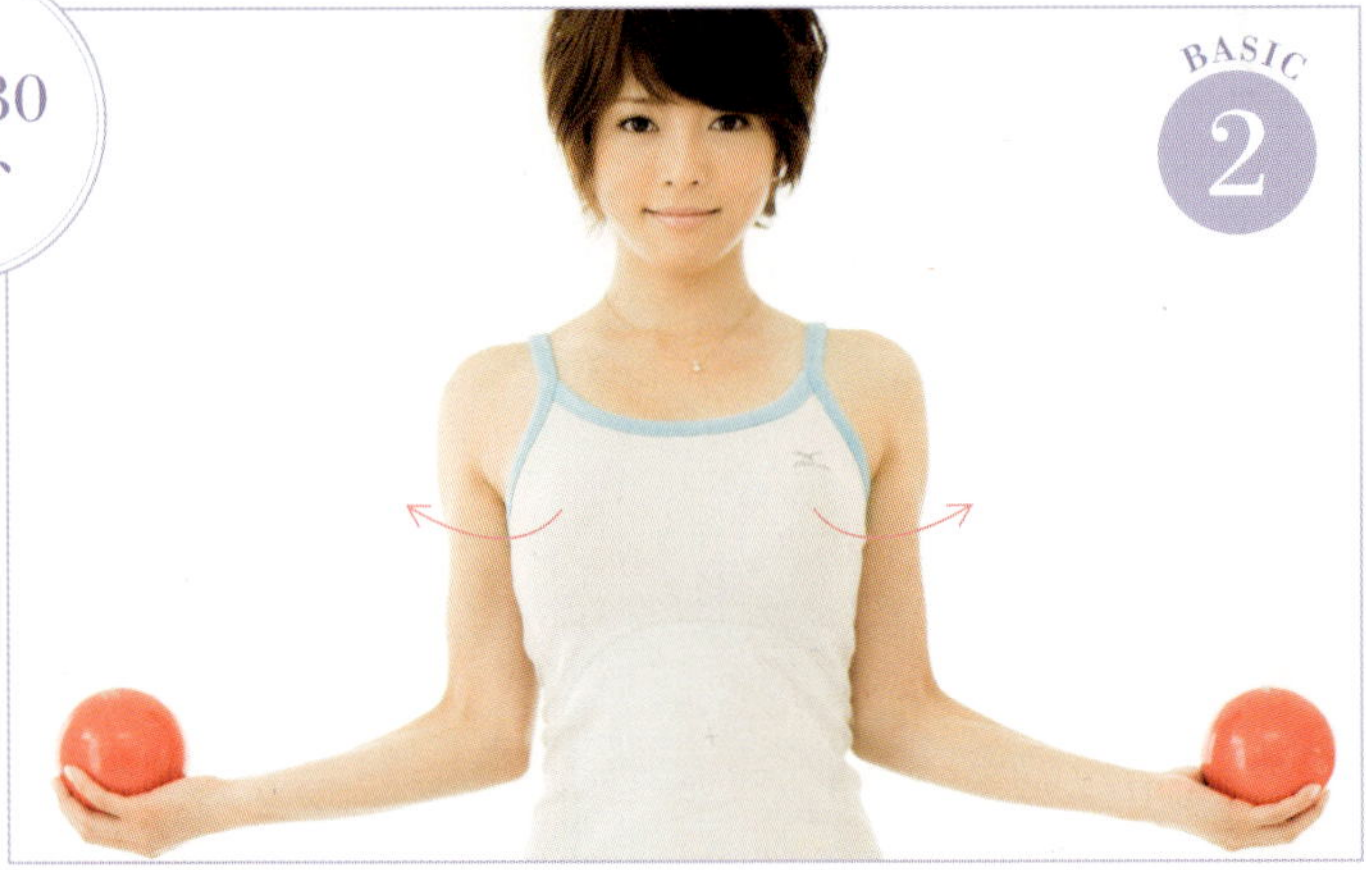

けんこう骨を意識しながら、手をゆっくり左右に開きます。
腕は体から離れてもかまわないので、180 度に大きく開くことが大切。
肩こり改善にも役立つので、仕事の合間などに取り入れるのもおすすめです。

ベーシックワークアウト

背筋 ②

背筋を鍛えるとともに、背中の柔軟性を高めてくれるワークアウトです。
ヒップにも負荷がかかるので、小尻効果もあり!

うつぶせになり、脚を腰幅に開きます。手は体を起こした時に、
体よりも前にくるように肩の下に置きます。このワークアウトの間中、
お尻を引き締めるようにキュッと力を入れておきます。

10〜20
セット

①の姿勢で大きく息を吸い、吐きながら上体を起こします。
できるだけ高く体を起こしたら、息を吸いながら静止し、吐きながら①に戻ります。
腰痛を起こすことがあるので、無理のない範囲で行いましょう。

ベーシックワークアウト

ヒップ＆もも裏 ①

ヒップやももも、基礎代謝を上げるのに役立つ大きな筋肉。
またヒップだけでなく、ももを鍛えることでパンツをはいた時のラインがとてもきれいに。

BASIC 1

BOSU バランストレーナーの上でうつぶせになり、両腕で体を支えます。
バランスを取りながら、脚はそろえてまっすぐのばしましょう。
BOSU バランストレーナーがない人は、クッションをふたつ重ねて代用してください。

↕

20〜30
セット

BASIC 2

リズミカルに脚を上げ下げします。脚が曲がらないように気をつけて。
また呼吸が止まってしまうとエクササイズ効率が悪くなるので、
意識的に呼吸をすることも大切です。

BASIC

3

10～20
セット

①の姿勢から今度は片脚ずつ交互に上げて
バタ脚運動を行います。
つま先までしっかりのばすこと!

BASIC

4

脚は写真のように交互に上げ下げします。
疲れてくるとひざが曲がり、
足先だけ上げ下げしがちなので注意。

BASIC

5

10～20
セット

脚は一定の高さをキープしたまま、
リズミカルに足を広げる、
かかとをつけるという運動を行います。

BASIC

6

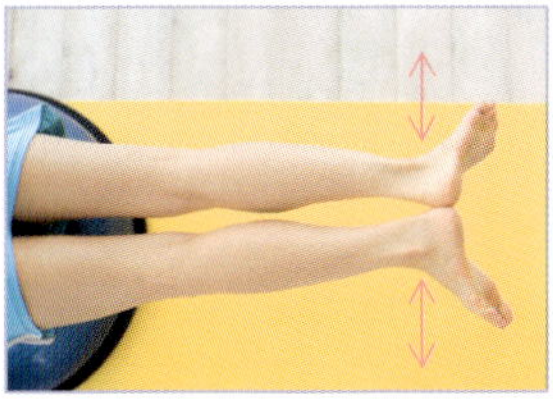

今度はかかとをつけて足先を開いた状態で
足を開閉。⑤と⑥を交互に行いましょう。

ベーシックワークアウト

ヒップ&もも裏 ②

ヒップを引き締めて小尻になれるほか、ヒップアップ効果もあります。
また、背中やお腹など、広範囲のエクササイズ効果もあり!

あお向けになり、ひざでミニサイズのボールをはさみ、
内ももに力を入れてキープします。 手は体の側に置き、
天井を見るように目線はまっすぐ上に。

20〜30
セット

❶の姿勢のまま息を吸いこんだら、静かに吐き出しながら
ヒップをグッと持ち上げます。 そのまま息を吸いこみ静止したら、
吐き出しながら❶の状態に戻ります。

ベーシックワークアウト

ヒップ＆もも前

ももの前にある筋肉が鍛えられると、歩き方もスムーズに美しくなります。
骨盤の内側にある筋肉も鍛えられ、内臓の冷えや便秘改善にも役立ちます。

20〜30セット

左右ともに！

BASIC 1

背筋をまっすぐのばして立ちます。イスの背もたれにつかまるか、なければ壁に手を置き、体を支えられるようにしましょう。姿勢を意識すると背中がそってしまうことがあるので注意。腹筋に力を入れてキープしましょう。

BASIC 2

ひざが90度になるように、ももを持ち上げます。脚を上げた時に、上半身がそらないように注意しましょう。両脚を交互に上げ下げするのではなく、片脚で20〜30回行ったら反対側の脚を行うようにしてください。

オプションのワークアウト

バストアップ ①

バストを上部からふっくらとした、おわん型にメイクしてくれるエクササイズ。
腕を太くすることなく、肩の筋肉も鍛えて、美しいデコルテラインを作ります。

20〜30秒
静止

BOSU バランストレーナーのボード面を上にして置き、縁をつかんで
腕立てふせの姿勢を取ります。そのまま体を沈め、バランスを取りながら静止。

BOSUバランストレーナーがない人は…

腕を肩幅よりも広めに開き、
腕立てふせの要領で体を沈めた状態で
キープしましょう。

応　用

Plus＋腕立てふせで効果アップ

段階的に体を沈めながら、最も低い場所でキープするちょっとキツいエクササイズは
右ページのエクササイズがこなせるようになったら挑戦してみましょう!

APPLICATION 1

右ページのように
BOSU バランストレー
ナーを置き、まずは
腕をのばした状態で
3 秒静止。

↓

APPLICATION 2

ひじを軽く曲げるよう
に、体を沈めた状
態のまま 3 秒静止し
ます。

↓

APPLICATION 3

できるだけ体を沈め
た状態で 3 秒静止。
①〜③を 1 セットで
行います。

20〜30
セット

オプションのワークアウト

バストアップ ②

バストの土台である筋肉、大胸筋を鍛えて下垂したバストを
ツンと上向きにするエクササイズ。ふっくらとした女性らしいデコルテラインが作れます。

基本のポーズ

脚を肩幅に開いて立つかイスに浅く腰かけて、背筋をまっすぐのばします。
ピラティスリングを両手で持ち、リングの中心に向けて力を入れます。
大胸筋は何かを押す時に使われる筋肉なので、この負荷が大切。

20～30
セット

リングに力を入れて腕をのばしたまま、胸よりも高い位置に上げて1呼吸分静止。

そのまま腕を胸の高さまで下ろして、再び1呼吸分静止します。

さらに腕を腰の高さまで下ろし1呼吸分静止。❶～❸で1セットです。

ピラティスリングがない人は…

基本の
ポーズ

20～30
セット

手の平を合わせて、互いに押し合いながら、腕を胸より高く上げ1呼吸分静止。

腕を曲げて、胸の前で手を合わせ1呼吸分静止。ここはより力を入れると効果的。

手が腰のあたりにくるようにのばして1呼吸分静止。❶～❸で1セットです。

オプションのワークアウト

ヒップ＆内もも ①

ヒップ＆内ももを中心に下半身の筋肉をバランスよく鍛えられるスクワット。
ピラティスリングやタオルなどを使い、背筋をまっすぐのばすと効果的です。

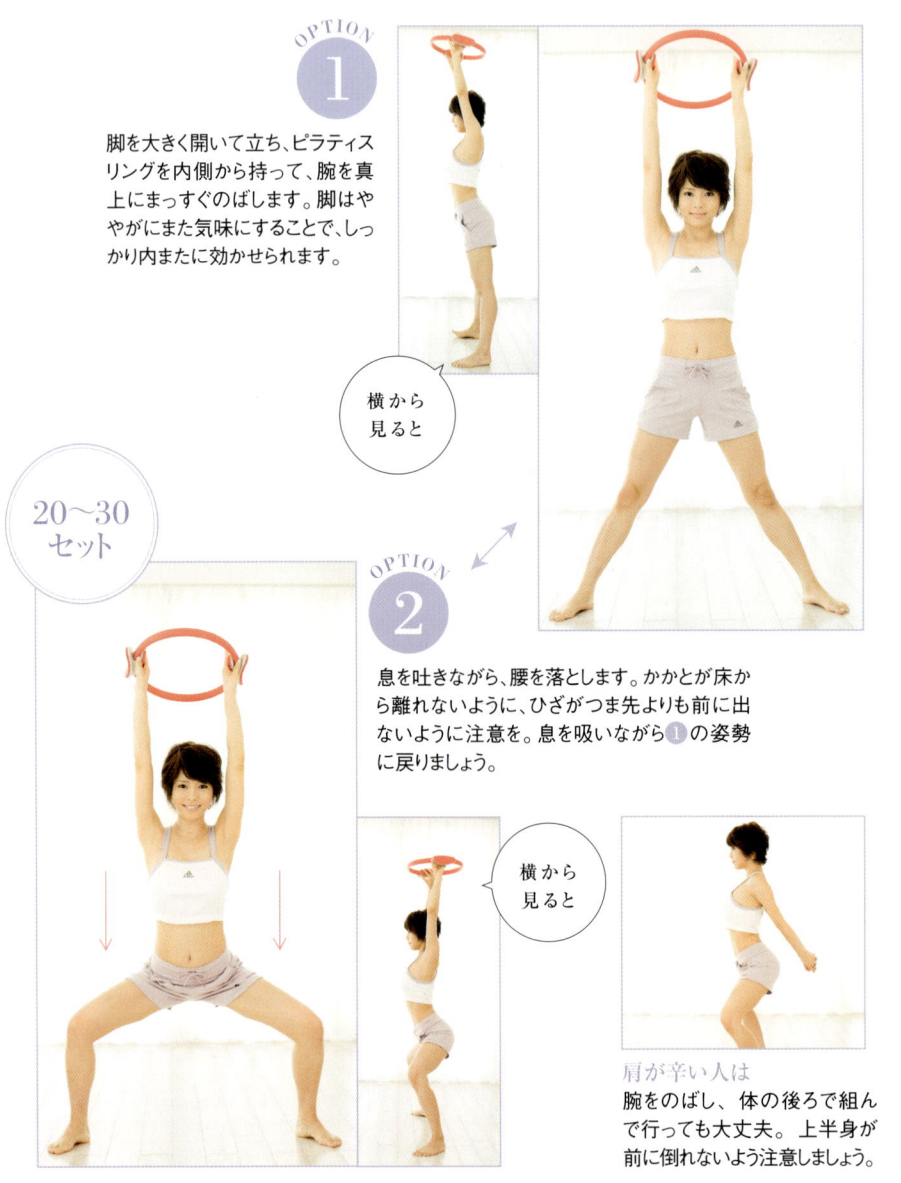

OPTION 1

脚を大きく開いて立ち、ピラティスリングを内側から持って、腕を真上にまっすぐのばします。脚はややがにまた気味にすることで、しっかり内またに効かせられます。

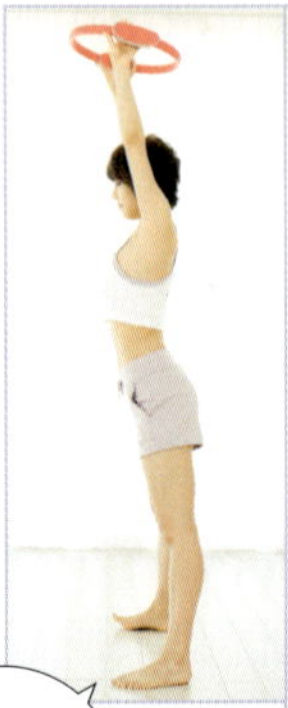

横から見ると

20〜30セット

OPTION 2

息を吐きながら、腰を落とします。かかとが床から離れないように、ひざがつま先よりも前に出ないように注意を。息を吸いながら①の姿勢に戻りましょう。

横から見ると

肩が辛い人は

腕をのばし、体の後ろで組んで行っても大丈夫。上半身が前に倒れないよう注意しましょう。

オプションのワークアウト

ヒップ＆内もも ②

内ももにしっかりと負荷がかかり、たるみがちな内ももを効果的に引き締められるエクササイズ。
O脚などを改善して、脚をまっすぐ矯正してくれる効果もあります。

10秒
静止

10セット

イスに浅く腰かけ、背筋をまっすぐのばします。ひざの間にピラティスリングをはさみ、内ももでギュッと内側に押します。できるだけ押した状態で静止。呼吸をするのも忘れずに。ピラティスリングがなければクッションで代用しましょう。

オ プ シ ョ ン の ワ ー ク ア ウ ト

腕 ①

年齢とともにつきやすく、なかなか取れない二の腕のお肉をしっかりシェイプ。
背中のシェイプにも役立つほか、肩のこりもほぐれて軽くなります。

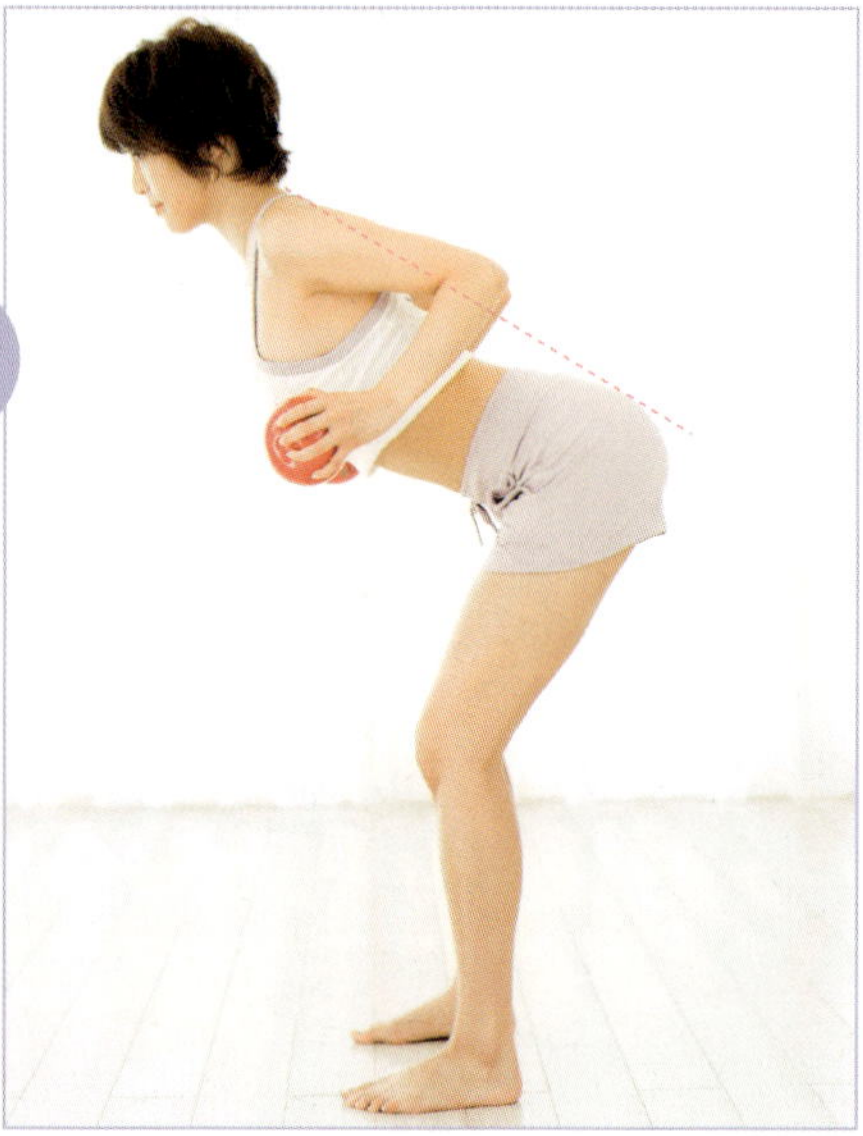

OPTION 1

両手にダンベルを持ち、脚を肩幅に開き、ひざを軽く曲げます。お尻を落とすような感覚で、上半身を前に倒します。腕は曲げて、ひじを後ろにつき出します。

OPTION 2

息を吐きながら、後ろにまっすぐ手をのばします。この時、二の腕を意識しながら行うこと。少し静止したら、息を吸いながら❶の姿勢に戻ります。

20〜30
セット

オプションのワークアウト

腕 ②

腕全体に負荷をかけて、スッキリさせるエクササイズ。
ラバーの強度によって負荷を調整できるので、慣れてきたらステップアップを。

20〜30
セット

OPTION 1

背筋をのばして立ち、エクササイズ用のラバーを手に持ちます。この時ラバーはのびていない状態。ラバーの高さは、腕をまっすぐのばしてつかめるぐらいに。

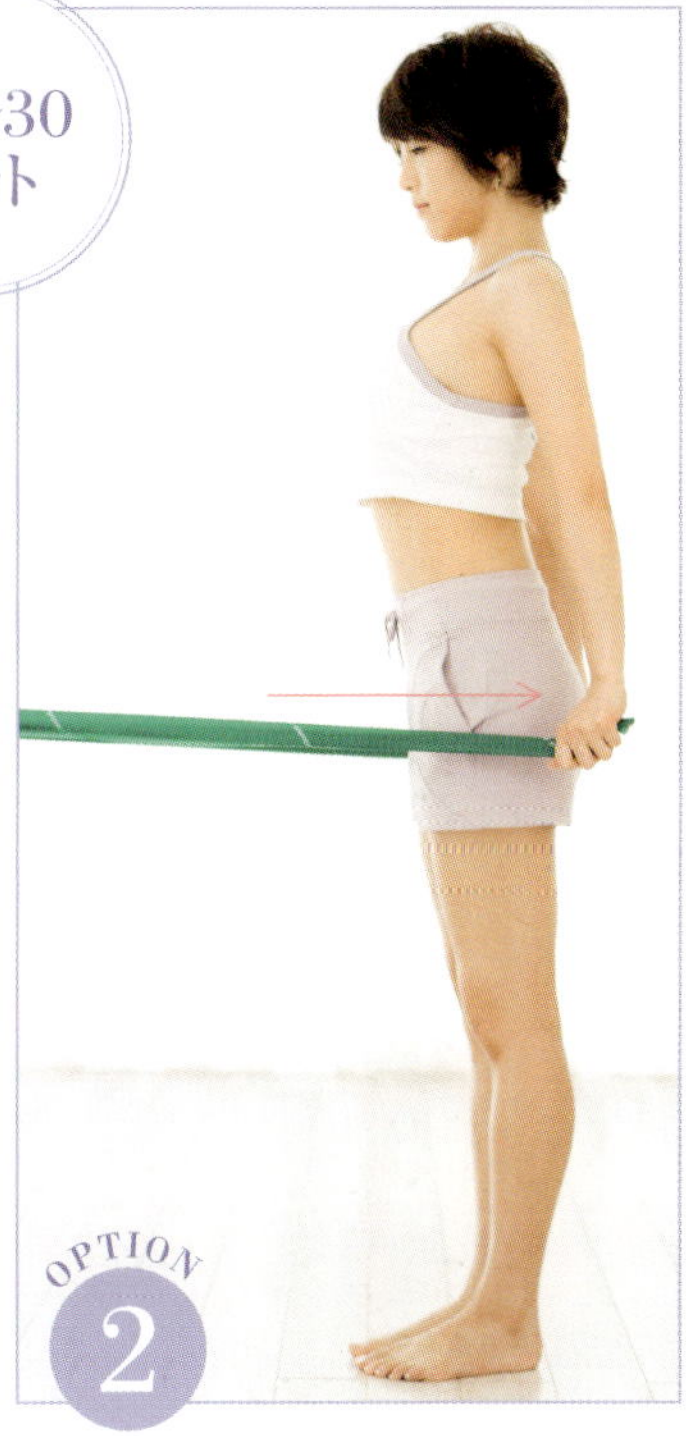

OPTION 2

腕全体を使って、息を吐きながらラバーを後ろに引きます。腕が曲がらないように注意。また、胸を大きく開き、背筋をピンッとのばします。

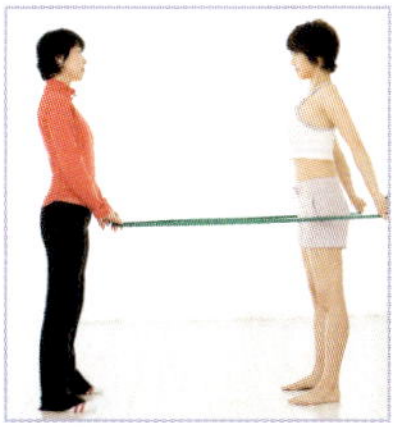

ラバーは誰かに持ってもらうのが理想ですが、１人で行う場合は重さのある家具などに引っかけて行いましょう。引っ張っても倒れてこないか十分にチェックを。

オプションのワークアウト

骨盤調整①

骨盤が歪んでいると、腸が下垂して便秘を起こしやすくなったり、
骨盤の中の血流が悪くなり、冷えが起こって太りやすくなるので日々の矯正が大切。

バランスボールの上に座り腰を左右にスライドさせるエクササイズ。左右をバランスよく動かすよう意識して。慣れないうちは転倒することもあるので、すぐにつかまれるものの近くで行うのがおすすめです。

20〜30
セット

オプションのワークアウト

骨盤調整②

骨盤の左右の歪みだけでなく、開きすぎや締まりすぎなどの歪みも整えます。

骨盤が整うと全身の歪みが治りやすくなるので、顔の歪みなどが気になる人にもおすすめです。

20～30
セット

バランスボールの上に座り、転がすように腰を回します。なるべく大きく腰を回すほうが効果的。右回しの後は左回しと交互に行いましょう。

オプションのワークアウト

むくみ対策①

むくみを放っておくと、血液やリンパの流れがどんどん悪くなり、
脚がそのまま太くなったり、セルライトの原因にもなるので解消していきましょう。

20〜30
セット

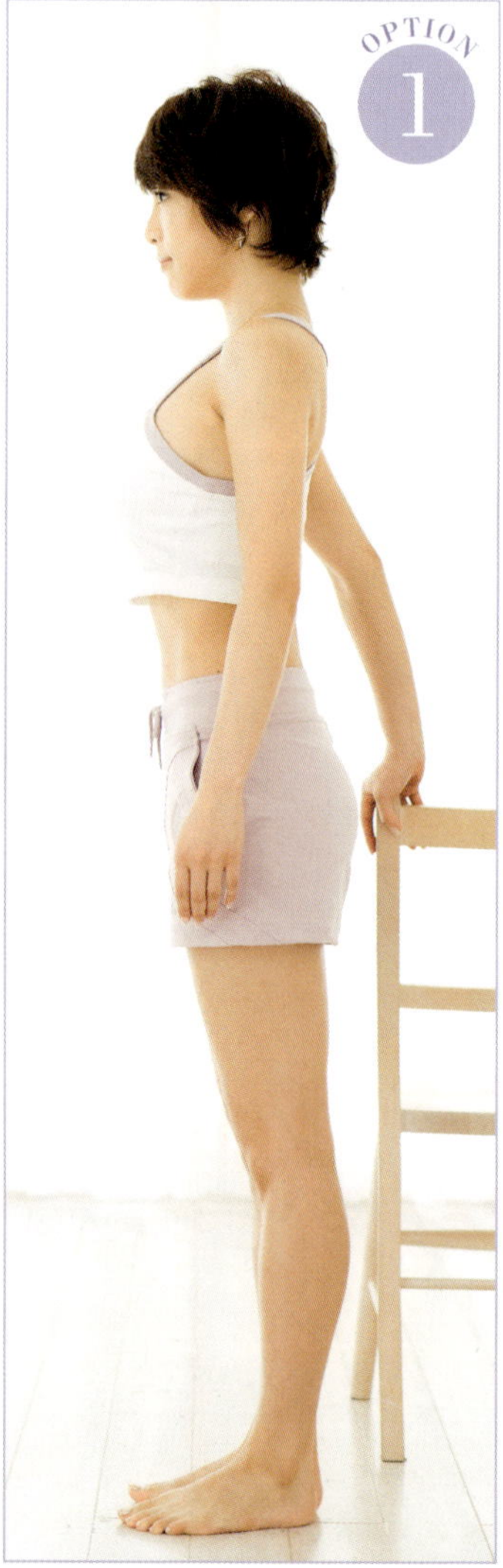

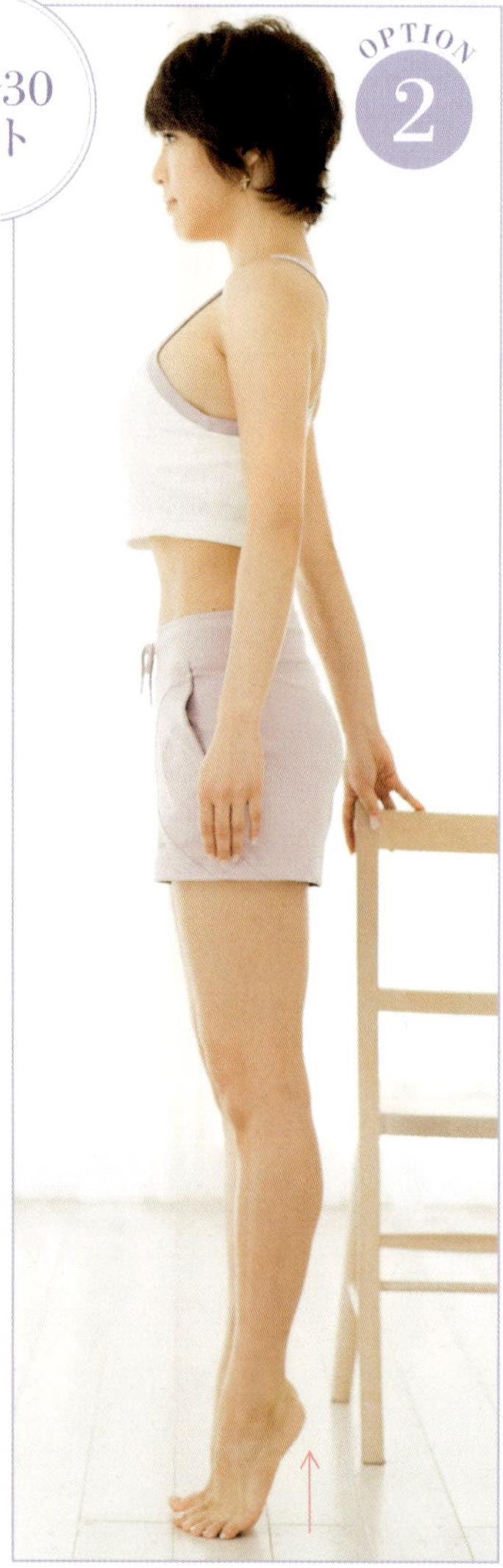

イスの背もたれなどに軽くつかまり、背筋をまっすぐにして立ちます。
イスがない時は、壁に手を当ててもOK。息を吐きながらかかとをできるだけ上げ、
一番上がった状態で少し静止。息を吸って元の状態に戻ります。

オプションのワークアウト

むくみ対策②

脚がだるい時は脚を心臓よりも高くすると血液やリンパ液が戻りやすくなり
解消しやすくなりますが、このエクササイズは脚や腰を動かすことでさらに改善できます。

20～30
セット

バランスボールの上に脚をそろえてのせ、脚を左右に動かします。
脚のつけ根から動かすように意識しましょう。脚のつけ根にはリンパ液をろかする
リンパ節があり、適度に刺激を与えることで効率よくむくみが解消できます。

Shaku's Double training

オール・オア・ナッシングな私ですが、 自分なりにちょうどいいトレーニングペースがつかめてきました。 今の私にとって週１～２回スタジオで加圧トレーニング、あとは毎日自宅エクササイズが理想的！

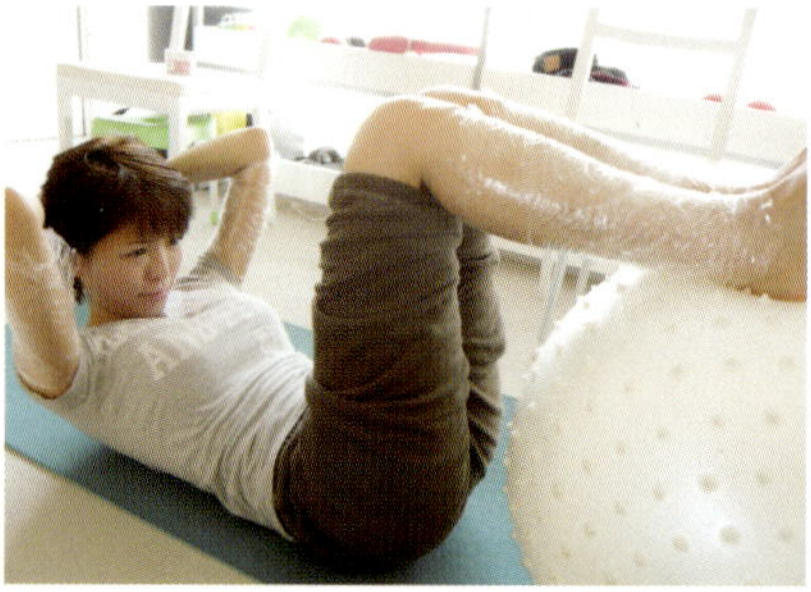

デトックス用のクリームを塗り、ボディラップを巻いてエクササイズ。

加藤先生オリジナルの加圧トレーニングのビューティプログラムは筋肉をつけすぎず、女性らしく締めてくれます。

in studio

一見楽そうに見える運動でも加圧していると腕がもげそう～。

加圧トレーニングは引き締めるだけでなく、ギュッとバストアップできるのもいいところ。メリハリボディになれます♪

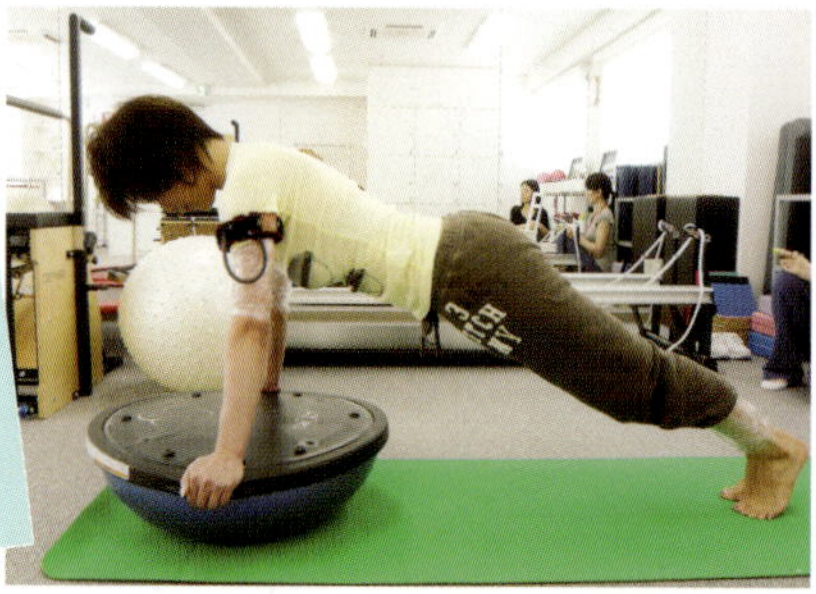

自宅では本書でも紹介したストレッチやピラティスなどをベースにしたワークアウトを中心に行います。

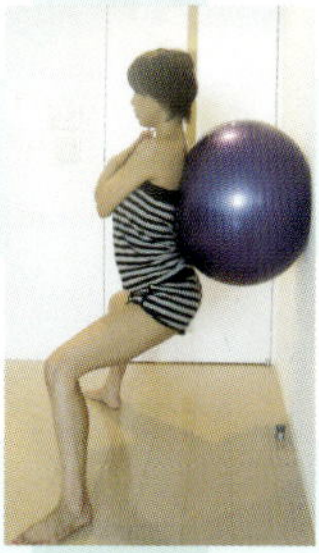

セルフトレーニングでも姿勢が悪くならないようにバランスボールを使ってスクワット。

このサウナスーツを着ると汗ダラダラです。はたから見るとちょっとあやしいですね（笑）。

in my room

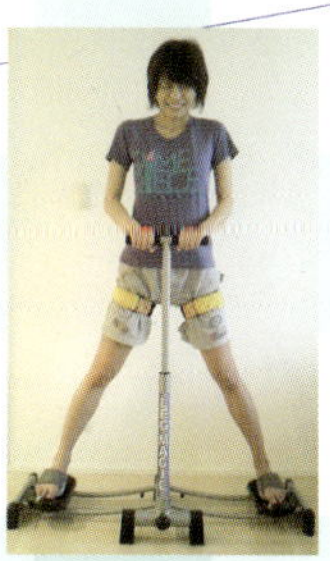

LEG MAGICは鍛えにくい内ももののトレーニングに。地味に見えて意外にキツいですよ。加圧ベルトを巻いてやるとかなり効くんです！

Shaku's Recommendation

Shaku'sコメント

姿勢を正して歩くだけで体幹を鍛えるシューズ。これをはけば犬の散歩もエクササイズに！

MBT　カジュアル17W　¥30,450　底にカーブがついており歩くだけでトレーニングができる靴／エバニュー

このシェイプスーツを着て20分くらいステッパー運動をすれば、ビックリするぐらい汗をかいて爽快。

30'UP　シェイプスーツCUBE　¥15,800　保温性の高い特殊チタンを配合／メディアワークス・ブルーム

外の運動やちょっとした外出の時はBBクリームオンリー。一本で美容液・下地・ファンデ・UVカット、保湿を全カバー！

ハンスキン　BBトータルクリーム（50ml）¥4,935　少量ですっとのび、くすみや色むら、凹凸をカバー／メディカライズ

SPECIAL

対談 釈由美子 × トップ加圧トレーナー 加藤 康子先生

ワークアウトの監修もしていただいた加藤康子先生が登場！
多くのアスリートや著名人を指導してきた
トップ加圧トレーナーの目で見た釈由美子とは？
出会いから加圧の魅力まで語り合ったビューティトークをお届けします。

先生のクラスばかり選んで行ってました

釈　加藤先生とは、私がアクション映画のために体を鍛えていたころに出会ったんですよね。

加藤　かれこれ7年ぐらい前になるのかしら?

釈　当時通っていたスポーツクラブでインストラクターをされていて。いろいろなレッスンを受けてきた中で、「加藤先生のレッスンが一番すごい!」と感動しちゃったんです。それでスケジュール表の“加藤先生”っていうところだけ選んで行くようになって。先生のクラスは大人気だったので30分前に行って並ばないと取れなかったんですけど、頑張って並んでました(笑)。

加藤　ずいぶん私のクラスにきてくださるなとは思ってたけど、てっきりいろんなクラスも受けてるんだとばかり思ってた(笑)。本人を前にしてるからいうわけじゃないけど、釈さんは当時から一生懸命だし真面目でしたよね。

釈　当時は特にストイックに鍛えてたので。

加藤　普通の生徒さんとは姿勢も違うし、目も違ってましたよ(笑)。

久しぶりに会った友達が加圧で若返っていた!

釈　その後、そこのクラブは辞めてしまったので、先生ともそのままで。ある日、久しぶりに会った友達がすごい若返っていたんです!

加藤　ふふふ(笑)。

釈　私より5歳年上なのに、お肌もピーンと張っていて前よりずっと若々しいんです。何かやってるのって聞いたら、加圧だっていうんで先生を紹介してとお願いしたら、何とそれが加藤先生で!　運命を感じました。

加藤　確か3年ぶりぐらいの再会でしたよね。

釈　それで、先生がプロデュースされてる「スタジオボディデザイン」で加圧を始めたら……本当に変わって驚きました。

加藤 康子先生
Studio Body Design プロデュース。アスリートらのトレーニングを手がける一方、加圧筋力トレーニング准統括指導者として後進の育成にも力を注ぐ。

加藤　釈さん、今は筋肉の感じが10代後半ぐらいですもん。ただ締まってるだけじゃなくて、弾力が違うでしょ？

釈　確かに20代より肌もハリがあるんですよ。30代になると減ってしまう成長ホルモンが、加圧をやることでどっと出るっていいますもんね。

加藤　釈さんは目標が明確で、最初に「どうしたいですか？」って聞いたら、「まず、バストアップしたい」って(笑)。でも加圧のバストアップに対しては誤解も多いんです。加圧トレーニングで成長ホルモンが出ることによって、より効果的に胸を上げるための筋肉がつくからバストアップにつながる、ということなんです。

釈　私もそのことを十分理解してトレーニングしています。「今はバストアップに効いているから腕を上げよう」と意識することで効果も変わってくると思うんです。

加藤　ちゃんとわかって筋肉を動かしているから、結果が出るのも早かったですね。効果が出てきた途端止めちゃう人も多いんですけど、それではもったいない！

釈　加圧に対してはきちんとした認識をされてないことも多いですよね。

加藤　比較的新しいトレーニング方法なので、経験豊富なトレーナーが少ないというのはあるかもしれませんね。事前によく説明があり、自分の希望を理解したうえで指導してくれるところがいいですね。ちゃんとやればすごく効果があるのに、説明不足のせいで「加圧はもうこりごり」と思ってしまったら本当に残念なことだと思います。

加圧を始めてからポジティブ思考

釈　ちゃんと指導してくれるところでやりさえすれば、トライアスロンをしないと出ないぐらいの成長ホルモンが出て、美容にもすごくいいのに。

加藤　全部が加圧のおかげとはいわないですけど、釈さんも昔よりずっと元気でいきいきしている気がします。以前はたまに「大丈夫かな」って雰囲気の時もあったけど。

釈　実は加圧をやろうと思ったのは、友達が若返ってたこともあるんですけど、「元気になるよ」っていわれたのが大きいんです。30代になると代謝も落ちてくるし、疲れが取れないなって感じることも結構あって。でも加圧をやり始めてからそういうことが減って、考え方もポジティブになった気がするんです。

加藤　朝、仕事に行く前に加圧をやると、頭がしゃきっとして効率も上がるんですよ。

釈　すごい！　これからも加藤先生と加圧にはお世話になります（笑）。

CHAPTER 2

バス&ボディケア

せっかくスリムになっても、カサカサ肌では台なし。
体にたまった老廃物を流し出すためにも
バスタイムケアやボディトリートメントは大切です!

きれいやせを叶えるボディケア

ダイエットのためには、運動が欠かせませんが、それだけだとやはり不十分。体を動かせばそのぶん疲労物質が出るので、それを流すためにはお風呂で汗をかいたり、ボディトリートメントをすることが必要になります。

それ以外にも、リンパの流れが悪くなっている時は、ドレナージュをして流してあげないと、むくんで太くなるばかり。もちろん運動をして筋肉をつけることでも、血液やリンパの流れを促すことはできますが、保湿のためにもトリートメントは必要。自分でももちろん行いますが、エステティシャンの妹にお願いすることも多いですね。プロなので、終わった後のスッキリ感がまったく違います。仕事が忙しくて疲れている時などにも、妹は頼れる心強い存在。溶岩浴に一緒に行って、その場でトリートメントをさせられる妹にとっては、ちょっと迷惑かもしれませんが（笑）。

またバス＆ボディケアで大きな課題となるのはセルライト！　ももなどの裏に出てくる、あのにっくきデコボコです。セルライトは老廃物に囲まれた脂肪なので硬く、まずはマッサージなどをして周りをつぶさないと退治できません。そのため運動や節食だけのダイエットでは、セルライトは消えてくれないのです。また、体が冷えていたり、リンパの流れが悪いとセルライトができやすくなるので、予防のためにもバス＆ボディケアは大切！

　コスメや入浴剤はとことん効果を追求したものも大好きですが、リラックスするために香りを重視して選ぶことも。だからひとつのアイテムにつき最低でも３種類以上はそろえて、体調や気分によってチョイスしています。自分の体に向き合って、トレーニングやケアをするようになってからは、深く考えなくても今日はこの入浴剤だなというように、その時々に自分に必要なものを無意識に選べるようになった気がします。

ボディトリートメント

バスタイムは効率よく美容も読書も温めも！

冷え性・セルライト・乾燥肌という三重苦の私にとって、バスタイムは体質改善のキー・タイム。体を温めることが代謝アップ&シェイプアップに最も有効なので、私の半身浴は約1時間！　その間バスタブ用ブックスタンドを利用して本を読めば、効率も◎。

血流がよくなり、脂肪もやわらかくなったところでマッサージすればこれまたW効果。老廃物の排出がスムーズで効果抜群！　脂肪のもみ出しは意外と力が必要なので、私は超音波マシンとローラーを使っています。老廃物におおわれている硬いセルライトも分解でき、ボディラインが即効変わります！

フェイシャル

凹凸のある顔にもぴったりくる大小のローラー

大小ふたつのローラーで、細かな部分までマッサージできる顔用ローラー。ピンポイントでも使えるので、ツボ押しにも。

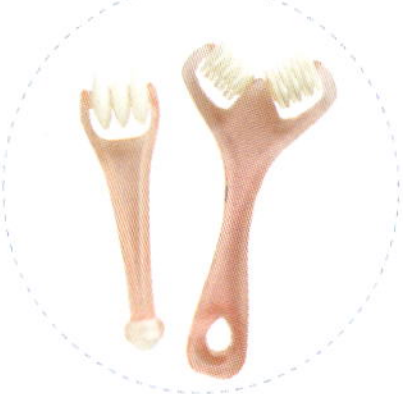

フェイシャルヨガローラー プチコロ　¥980
ヨガ・フェイシャルヨガ講師、高津文美子さんプロデュースのローラー。表情筋エクササイズの方法も記載されています／グッズマン

ボディ

変化が目に見える実力派の超音波マシン

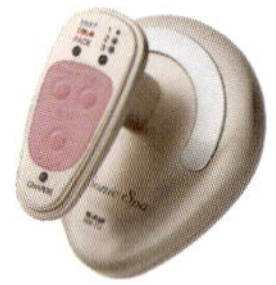

Shaku'sコメント

防水かつコードレスの小型超音波機は、これで4台目というほどお気に入り。この最新のものにはEMS（電気的筋肉刺激）がついていて、同時に筋肉が鍛えられるんです！

スリムソニックスパⅡ　¥29,800　1秒間に100万回の振動及びEMSが筋肉に直接働きかけ、筋肉運動で太りにくい引き締まった体作りが可能。顔にも使えるのでリフトアップしたい人にも／ヤーマン

体のパーツに合わせてローラーを使いわけ

いろんなタイプを持っていて、パーツによってわけています。お風呂の中でも使いますが、湯上がりにアンチセルライトのコスメをつけてマッサージをする時にも愛用。

ホットセルローラー　¥1,050　ローラーの内側にシリコンオイルが入っているので、お湯で温めるとホットマッサージができるローラー。冷蔵庫に入れておけばクールにも／コジット

Shaku's Bath Room

五感を刺激して体をほぐす
お気に入りのバスグッズ

お風呂グッズのこだわりは効果があることはもちろんですが、なるべく自然なもの、リラックスできるもの。ぽかぽか温まりながら幻想的な灯りと香りに包まれていると、体の中から疲れやストレスが溶け出ていくのが実感できます。

入浴剤

体調に合わせて ハーブをチョイス

ミントは朝にエクササイズをした後に入るとクールダウンでき、気分もシャキッ。ユーカリは風邪をひいたかな？　と思った時に元気をくれます。

クナイプ バスソルト　左・ミント、右・ユーカリ（医薬部外品）（各 500 g）各¥1,554　岩塩にエッセンシャルオイルをブレンド／クナイプジャパン

入浴剤

うっとりするような 香りのとりこに

Shaku'sコメント

3種あるのですが、その中でも“シルク”はほかにはない、うっとりするような幸せな香り。ボトルもおしゃれでバスルームのインテリアにもなります。

カルバリン バスクリスタル シルク（200 g）¥2,100　洗練された香りを生み出す伊・カルバリン社の代表的アイテム／イー・エフ・インターナショナル

入浴剤

アロマセラピーを 自宅で受けている気分

見た目にかわいいだけでなく、施療しているセラピストさんが開発している実力派。エッセンシャルオイル濃度がたいへん高く、とても贅沢なバスアンド シャワーオイルです。

アロマセラピー アソシエイツ バスアンドシャワーオイル（55ml）各¥7,875～8,400　リラックスなど4カテゴリー9アイテム／シュウエイトレーディング

入浴剤

毎日入りたい温泉の オリジナル入浴剤

私のベスト・オブ・温泉である芦野温泉オリジナルの薬草入浴剤。温泉内の薬草の湯で使えるのですが、それでとても気に入り必ず買って帰るようになりました。

芦野温泉　憑け袋（1包）¥670　さまざまな薬草をたっぷりとつめこんだ入浴剤。気になる部分に直接当てて入浴するのが効果的／芦野温泉

入浴剤

惜しみなく使って たっぷり発汗、デトックス！

ミネラルたっぷりなヒマラヤの岩塩。きれいなピンクは豊富に含まれる鉄分の色なのだとか。パッケージが簡易なぶん、リーズナブルなのでたっぷり使えます。

クリスタル・バスソルト ナチュラルタイプ（1 kg）¥1,000　一般的な塩に比べてカルシウムが約30倍など、たっぷりのミネラルを含むヒマラヤの岩塩を使用／サンシナジー

入浴剤

ぐったり疲れた時に 役立つ本格的な薬湯

仲のいいスタイリストさんに教えていただいた入浴剤。「これは効きそ～」という生薬の香りが特徴です。肩や腰などの疲れもやわらいで体が軽くなります。

延寿湯温泉（50 g×12包）¥3,675　松皮など9種の生薬をブレンドした医薬部外品。業務用商品でしたが、多くの要望により家庭用も登場／小西製薬

バスアイテム

リラックスアイテム

プレゼントに最適な
素敵な香りの天然キャンドル

溶けたロウをオイル代わりにボディに塗れる大豆100%のソイキャンドル。イタリアンネロウサンダルウッドの香りは何度もリピートしています。

カシウエア ソイキャンドル イタリアンネロウサンダルウッド　¥7,875　約60時間たっぷり楽しめます。プレゼントにもよく使っています／カシウエア

リラックスアイテム

お風呂用の
イルミネーション!

お風呂に浮かべて使えるバスライト。少しずつ色が変わっていくのを眺めていると瞑想状態に。エッセンシャルオイルを入れて使うこともできます。

Lx.バスルームアロマライト ¥5,775 カラフルなど3つのモードが楽しめます。アロマを楽しむ機能もあり／ノーリツ エレクトロニクス テクノロジー

シャワージェル&ミルク

女性らしい香りの代表
ローズで優雅なバスタイム

元々ローズの香りが大好きで、いつも使っています。ローズの香りには女性ホルモンを整える働きもあるらしく美容効果も高い!

左・ローズ シャワージェル（250ml）¥2,940　植物性洗浄成分使用　右・ローズ シルキーボディミルク（250ml）¥3,570／ロクシタン ジャポン

シャワージェル&ミルク

そよ風のような
胸がきゅんとなる香り

ロクシタンのボディアイテムは、どれも自然でやさしい香り。このチェリーブロッサムも春を思わせる甘い香りがとてもさわやかで心地いい。

チェリーブロッサム　左・シマーリングボディミルク（250ml）¥3,360、右・シャワージェル（250ml）¥2,940／ロクシタン ジャポン

シャワージェル&ミルク

クロエならではの
やわらかなバラの香り

クロエのオード パルファムが好きで、08年にこの2アイテムが登場した時は真っ先に買いました。香水では強いかなというシーンでも活躍します。

左・クロエ シャワージェル(200ml) ¥5,040、右・クロエ ボディローション（200ml）¥6,090 クロエ オード パルファムの香り／コティ・プレステージ・ジャパン

バスサウナスーツ

体が重く感じたら
自宅でサウナ!

つま先部分に汗がたまるほどの発汗力。冷えてかたまっていたふくらはぎがやわらかくなるのも実感できます。湯上がりには体のラインも引き締まってる!

アロナスーツ（206㎝×80㎝）¥1,260　（マンゴーヨーグルトパックつき）／サーチ

ボディトリートメント

そして全身ケアで入浴後は大忙し！

私の体はとても素直。やったぶんだけ応えてくれるので、眠くても入浴後のフルコースケアは欠かせません。お風呂上がりにはまず即効フェイシャルパッティング&パック。並行してボディ保湿も行います。ポイントはひじとデコルテ。デコルテが乾燥するとバストのハリもなくなってしまうので要注意！　さらに入浴中くだいたセルライトが再び固まってしまわないよう、アンチセルライトコスメによる排出も必須項目です。

脚がむくんでいる時は包帯バンテージテープでぎゅぎゅっと締めつけるのが私流。むくみが取れて、見た目にわかるほどほっそり。だるさも解消します！

贅沢保湿でしっとりボディ

撮影前に虫にさされても あせらずオイルで対処

Shaku'sコメント

モデルの美香ちゃんが、蚊にさされたり、傷ができた時に目立たなくなるとすすめてくれたオイル。ロケには欠かせません。

バイオイル（60ml）¥1,680　妊娠線や傷跡を軽減するために開発されたオイル。保湿のほか美容液としての役割も果たします／ジャンパール

体のすみずみまで 上質なうるおいで満たす

ケアしたてのうるおいやツヤが長時間続く優れもの。肌の奥からうるおったと実感できる数少ないボディクリームです。

ザ・ボディ クレーム（300ml）¥33,600　独自保湿成分によりエステを受けたような肌に／ドゥ・ラ・メール

むくみケア

冷感タイプのコスメで包帯バンテージ!

むくみやだるさをスッキリさせてくれる冷感コスメ。ジェルやウォータータイプは包帯になじみやすくておすすめです。

サナ エステニー クールタイツジェル（200ml）¥1,260　肌を引き締めるヒバマタエキスなどにより、サポートソックスをはいたようにスッキリ。さわやかなユーカリミントの香り／常盤薬品工業（サナ）

アンチセルライト!

使い続けたいと思わせる即効性のある使用感

入浴剤なども実力があるブランドなので試してみたら、使い始めでも違いが実感できたのでかなり期待大!

ユルティム レフレックス セリュリット（200ml）¥9,450　壊れたコラーゲンとたまった水分を排出しながらよいコラーゲンを再構築。脂肪の除去も助けます／フィトメール

セルライトケアの定番ビオテルム

発売時に限定発売されたローラーとともに使っています。ビオテルムのセルライト用のコスメはどれもとても優秀です。

セルリレーザー（200ml）¥7,875　脂肪細胞にからみつき凹凸の原因になるコラーゲンの糖化をブロック。また脂肪細胞にアタックして、脂肪をためにくい体に（ローラーは現在取扱いなし）／ビオテルム

シンプルヘアケア

ヘアはスタイルよりもケアにこだわりアリ!

私のヘアケアは、ロングヘアだったころからとてもシンプル。ポイントといえば、毛穴の汚れをもみ出すようにマッサージをしながらシャンプーすること、そしてタオルドライでゴシゴシしないことぐらい。タオルドライは時間がかかっても、髪の水気をタオルで吸い取るようにやさしく行っていると、それだけで髪質は変わってくるんです。後は使うシーンや髪の状態に合わせて、シャンプーの使いわけも大切。定期的にヘアサロンでヘッドスパを受けているのも、ヘアトラブルが起こらない一因かも。ストレスもやわらいで気分もスッキリしますよ!

シャンプーも使いわける!

髪の内側から補修してくれる

デイリーに使っているのがコレ。ナノ化したCMCが配合されていて、髪の芯まで入っていくからコシやなめらかさがアップ!

ナノアミノ　左・トリートメントRS（250g）¥2,625、右・シャンプーRS（250ml）¥1,890　高い修復力と持続力を持つナノCMCを配合／ニューウェイジャパン

髪がゆれるたびに幸せな香りが漂う

ヘアスタイリストさんにすすめられたのがきっかけ。甘いラズベリーティーの香りで名前の通り、本当にハッピーになれますよ!

ティーハッピー　左・シャンプー、右・トリートメント（各200ml）各¥1,680　開いてしまったキューティクルを引き締めなめらかに。サロン専売品／TAYA

環境が変わる長期ロケや旅行に持参する自然派

Shaku'sコメント

美容の口コミサイトで人気が高かったので使ってみました。生活が変わり頭皮もセンシティブになる長期のロケなどに持参しています。

オーブリー　左・GPBヘアコンディショナー（237ml）¥1,785、右・ローザモスクエータ ハーブシャンプー（237ml）¥1,575／ミトク

ドライイングは美髪のカギ！

くせをおさえて まとまりのいい髪に

髪のまとまりがよくなり、手触りもなめらかになるアウトバストリートメント。くせをおさえてくれるので、ブローが楽になります。

セリエ エクスパート リスウルティム リスパーフェクター（125ml） ¥2,940　まとまりがあり、なめらかなストレートヘアに整えてくれるトリートメント。しっとりサラサラヘアに／ロレアル プロフェッショナル

冬でも髪がパサつかない！

冬の乾燥シーズンでもしっとりヘアをキープできる、保湿力の高いアウトバストリートメント。ドライヤーを使う時にも必須！

ケラスターゼ NU ミスト ニュートリディフォンス（100ml） ¥3,150　髪が特に必要とする栄養分を凝縮し、乾燥しがちな髪をしっかりガード／ケラスターゼ

まるで髪のエステのようなドライヤー

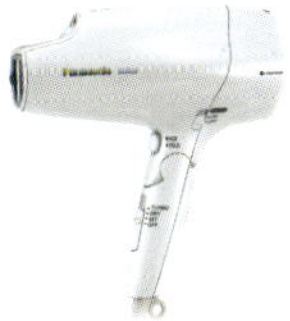

バージョンアップされるたびに買い換えているほど愛用しているドライヤー。乾かした後の髪のなめらかさやツヤがまったく違います。

ヘアードライヤー「ナノケア」EH—NA90 オープン価格　マイナスイオンの約1000倍もの水分量を持つナノイーが指通りのよいツヤ髪に仕上げます／パナソニック

Shaku's secret story

昔から手鏡はこれオンリー。目元などパーツしか映らない小さな鏡なんですが、だからこそ。それぐらい自分の顔に自信がないんです。メイクルームの大きな鏡はまだ自分から距離が遠いので目を細めて見ればいいんですが、たまに事情を知らないメイクさんから手鏡を渡されて至近距離で自分を見てしまおうものなら、しばらくテンションはどん底です。下の部分が壊れかけているけど、どうしてもこれじゃなきゃダメなんです。なぜって?　右下にいるキャラクターが「大丈夫だよ。私がついているよ」って励ましてくれているから。

釈's
Beauty Spot

きれいになるためには日々のセルフケアが大切ですが、
自分ではできないことはプロにおまかせ!
お友達に聞いたり、インターネットの口コミなどを
頼りにまずはトライアルして見つけた
私のとっておきのビューティスポットをご紹介します。

01

加圧トレーニング

メリハリボディを作る！

いろんな方から加圧トレーニングの評判を聞き、自分でスタジオを選んで行ってみたら、ほかのジムに通っていたころにとてもお世話になっていた加藤先生が主宰されていてビックリ！　ぜひ通おうと決めました。

加圧の効果はトレーナーのセンスが大きく、人によっては筋肉がつきすぎて体が大きくなってしまったりするそうなんです。でも加藤先生の加圧は引き締まるけど、女性らしい体が維持できるところが特長。加藤先生自身がプロデュースしたエクササイズ用のコスメ“ビューティデトクサー”やボディラップを使ったビューティプログラムは、このスタジオならではですね。

加圧は何より効果が早いのが魅力。撮影の前日や朝にくるとてもコンディションがよくなります。最近では加藤先生に自宅用の加圧ベルトも講習していただき、スタジオにこられない日に愛用していますが、それだけでもだいぶ違います。体調もよくなるし、本当におすすめ。

Beauty spot

Studio Body Design 麻布スタジオ

東京都港区麻布十番1-6-7 F1プラザビル3,4,5F
TEL:03-3470-8111
URL:http://www.body-d.com
営:9:00〜21:30(最終受付:21:00／電話受付:9:00〜18:00)
休:無休(年末年始を除く)　※予約制
他店舗:渋谷スタジオ、自由が丘スタジオ、大阪北堀江スタジオ

ただトレーニングをするだけではなく、姿勢なども矯正してくれるからきれいな体に

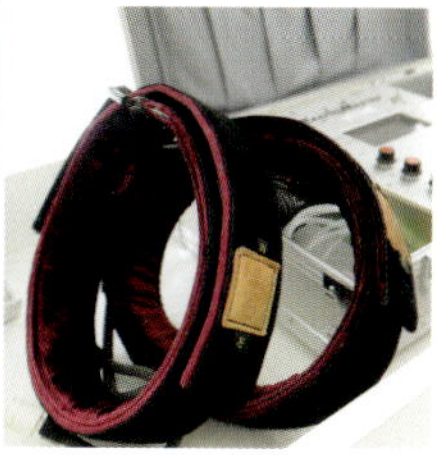

これが加圧トレーニングに欠かせないベルトとマシン

02

体内iDドック（インテグラシー）

自分の体の個性がよくわかる！

インテグラシーは日本ではまだそれほど普及していないさまざまな自然療法を統合した独自のケア。一人ひとり当然ながら体が違いますし、不調の原因もさまざま。だからインテグラシーでは決まったケアというのはなく、その時々によって最適な自然療法を組み合わせて施術してくれるのです。

体内iDドックはよりオーダーメイドのケアを受けるために役立つオリジナルの検査で、体の個性を知ることができます。たとえば野菜でもトマトは向くけど、キュウリはひかえたほうがいいという細部までわかってしまうんです。もし大好きな食材が体に合わなかったらどうしようと心配しましたが、私がひかえたほうがいい食材は少々苦手なものばっかりだったので、体は素直なんだなと感心。ちょっと自慢ですが、私の体バランスはほぼ理想的で素晴らしいという結果が。私が選んだトレーニングなどは正しかったのだとうれしくなりました。

インプルーヴ インテグラシークリニック
東京都中央区銀座1-5-14 銀座コスミオンビル4F
TEL:03-3567-0511
URL:http://www.integracy.co.jp
営:11:00〜22:00〈月曜〜土曜〉
11:00〜21:00〈日曜・祝日〉
休:無休　※予約制

これが体の成績表!

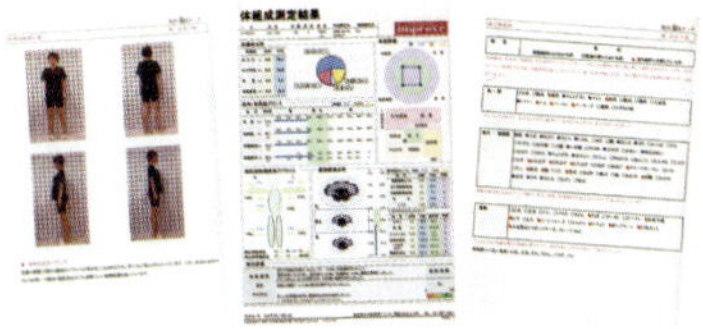

通信簿でいうとオールAみたいな感じでした♪
筋力や血球の流れ、気質チェックや生活習慣などからその人の体の資質を判断してくれます。
性格も体質に深くかかわっているんですね。
人それぞれ違うからおもしろい!!

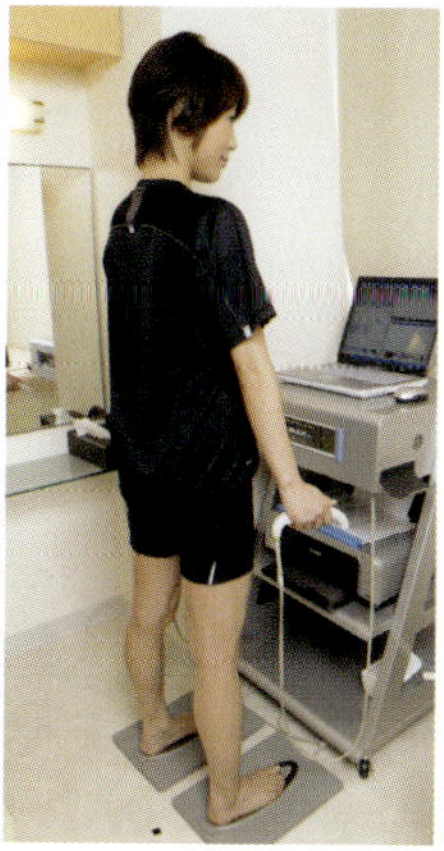

最先端のマシンを使って、体組成や筋肉や脂肪の左右バランスなども詳細に計測

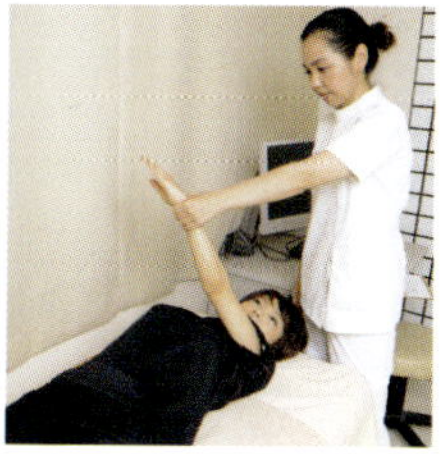

筋肉のつき方なども細かくチェックしていきます

03

ボディトリートメント

困った時の駆けこみ寺

私の体を最も知っているのはエステティシャンの妹。体が疲れたな、肌の調子が悪いなという時はすぐに駆けこんで整えてもらいます。

何もいわなくても、理想の状態まで戻してくれる妹は本当に心強い存在。「疲れがたまってきてるよ」など、その時の体の状態を教えてくれるから、大きなトラブルになる前に自分なりに対処できるという点でも助けられています。

ただ、少しケアを怠けてセルライトができそうになっていたり、無理をしすぎて体が歪み気味になっていると、叱ってくれる怖い存在でもあるんです。とはいえ妹以外にそんな詳細までアドバイスしてくれる人はいないので、感謝しています。

サロンは完全予約制だから人の目を気にせずゆっくりできるのもいいところ。アロマの香りに包まれてホッと息をつける私の和みスペースです。

Beauty spot

Sister
東京都渋谷区代官山町16-5
アドレスガーデン代官山503
TEL:03-3464-3260
URL:http://www.tommys.co.jp/sister.html
営:10:00～22:00(最終受付:21:00)
休:月曜　※予約制・女性限定

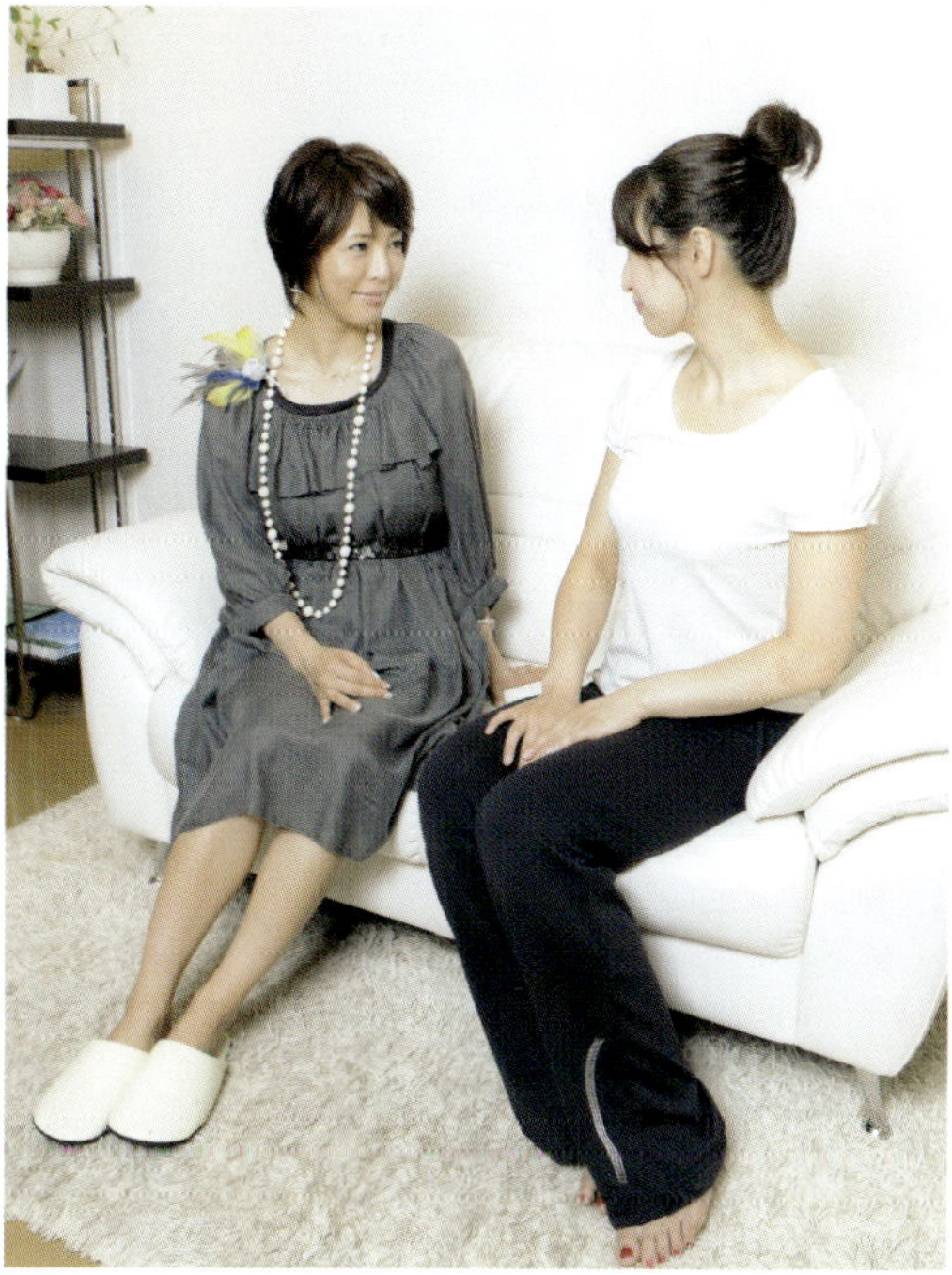

この日も一緒に
酵素風呂に
行ってきました

釈 恵美子さん
Sisterオーナーセラピスト。
フットセラピーや指圧、アロマなどの長所をいかした施術は美容&疲労回復効果が高いと評判。

Beauty spot

04

溶岩ヨガ

Romeospa 麻布十番店

東京都港区麻布十番1-5-13
ニュー高雄ハイツB1
TEL:03-3405-0800
URL:http://www.e-ganbanyoku.jp
営:9:00〜翌5:00(最終受付:翌3:30)
休:無休(年末年始を除く) 他店舗:大森店

加圧後にたっぷり発汗！

加圧トレーニングは短時間でも、かなり体に負担がかかります。そのためたくさんの疲労物質が発生するので、きちんと流さないと体が必要以上に大きくなってしまったり、筋肉痛を起こしてしまうので水分をたっぷり摂って疲労物質を流すよう注意されます。

そこで私が実行しているのは、トレーニング後に溶岩ヨガに行き、血流をよくして老廃物の排出を高めるということ。幸運にもスタジオのすぐ近くにこの施設があり、試しに行ってみたら思った以上に気持ちいい！ ホットヨガみたいに息苦しさがないのに、溶岩の遠赤外線効果でサラサラとした大量の汗をかくので、めぐりがよくなっているのを実感できます。

ヨガなしの溶岩浴だけを受けることもできるので、疲れている時はゆっくり体を温めるだけでもスッキリ。マイナスイオンで体が芯から温まり、しばらくぽかぽかとその温かさが続きます。

溶岩スタジオは一面ガラス張りだから自分のポーズや姿勢を確認しながら進められます

インストラクターの方がていねいに教えてくれるからヨガ初心者でも安心して通えます

Beauty spot

05

酵素風呂

Primavera プリマベラ

東京都目黒区青葉台1-30-8
CASA青葉台401（オートロック）
TEL:03-5721-6963
URL:http://www.primavera-nkm.com
営:11:00～21:00（最終20:00）〈月曜・水曜～金曜〉
11:00～19:00（最終18:00）〈土曜・日曜・祝日〉
／電話受付 11:00～19:00
休:火曜・第一水曜　※予約制

無理なくたっぷり発汗！

酵素食品を毎日欠かさず摂っているぐらい、酵素を頼りにしている私。体に負担をかけずにたっぷりと汗をかくことができ、肌もツルツルになる酵素風呂もお気に入りです。砂風呂などと違い、酵素風呂に使われる「おが粉」は軽いので、まったく苦しさがありません。熱さもちょうどいいので、うっかりすれば眠ってしまうほど。

酵素はお手入れがたいへんということで、施設があまり多くないのが残念。また施設によっては裸で入らなくてはいけないのですが、ほかの人が裸で入ったと思うと少し抵抗がありますよね。でもここでは専用のウエアを着て入ることができるので衛生面でも安心。もちろんシャワーも完備です。

入浴するとぐっと疲れが出ることもありますが、薬草茶をいただきながらゆっくり休めるのもうれしいポイント。

ぬか漬けに
なった気分！

首まで酵素で埋まっても息苦しさはほとんどなし！　じわ～っと温まって気持ちいい！

Shaku's source of vigour

日々生活していると、疲れたり、落ちこんだりすることもやっぱりあります。
そんな時私を癒し、エネルギーをチャージしてくれる元気の素をご紹介しちゃいます！

愛すべき my Children

楽しい時も悲しい時も、いつもそばで私のことを見守ってくれる愛すべき我が家の子ども達。自分がしっかりしてこの子達のことを幸せにするぞ〜と思いながら、私のほうが彼らに救われています。

みんなで お散歩♪

愛しの 3バカトリオ♡

寝顔も みんな 笑ってるの

うさちゃん はるちゃま

天使がいっぱい!

天使モチーフのコーナー。意識して集めていたわけではないのですが、気に入った顔の天使をついついお買い上げしているうち、こんなに集まってしまいました。いつも見守ってくれている気がします。

大好きな香り

お気に入りの香りに囲まれていると、それだけで落ち着けます。ダウニーやスアビテルなど、柔軟剤も香りのいいもので幸せ気分♪

お気に入り in my Room

左から「白神山地」「究極の眠れるCD」(デラ)

心をときほぐしてくれるCD

朝は川のせせらぎなど、白神山地の自然の音をタイマーで流し、寝る時は専門分野の先生が監修したという眠れるCDでオヤスミナサイ!

Shaku's Candle

美と知を作る場所

バスルームでは、ストレッチ、スキンケア、マッサージなどやることがいっぱい!　アロマキャンドルをたき、リラックス状態で半身浴をしつつも、雑誌を持ちこんで最新情報もチェック!　そんなこんなで、バスルームで過ごす時間がどんどん増えていく……。そんなバスルームの一角を公開!

in Power Spot

旅で元気を集中チャージ！

Yakushima 屋久島

1日でも休みができると、気持ちを切り替えるためにも自然があるところへ行くようにしています。私の場合、リセットしたい時は山、チャージしたい時は海というのが多いですね。

でもパワースポットの場合は、もっと”呼ばれる“という感覚が強くて、屋久島へも2日ぐらい前に突然決めて、妹を誘って行ってきたんです。

縄文杉が素晴らしいんですけど、トロッコのレールの上や足場の悪い原生林なんかを、片道5時間近くかけてひたすら歩いて行くんです。

樹齢7200年の縄文杉にたどり着い

Shaku's Diary

Ise 伊勢

母と妹の恵美子と伊勢神宮にて特別参拝させていただいた時のもの。伊勢神宮は以前、心も体もボロボロだった時に行ってとても癒されたので、それからは毎年、春と秋に行ってパワーをもらっています。

Hakone 箱根

ドラマの撮影がオフだったので、お弁当を作って、子ども達（愛犬）を連れ箱根までドライブに行ってきました。大自然のエナジーと澄んだ空気の力は偉大! 思わず笑顔になってしまいます。

いても、その場に滞在するのって15分ぐらい。何で行くのかっていうと、ゴールが目的じゃなく過程が大切で、まるで人生そのものを感じられるんです。

屋久島って人生の転機に呼ばれるらしいんですけど、生半可な気持ちで行くと全然感動できなかったりもするらしくて。1ヶ月のうち35日は雨といわれるぐらい雨が多いところなのに、私達が行っている間、一度も雨具を使わなかったんです。島のガイドさんもありえないというほど奇跡的なことらしいんですけど、それもわかるぐらい神秘的な体験をたくさんした旅でした。

CHAPTER 3

フェイシャルケア

優秀なコスメでも使い方次第では実力を発揮できず
納得のいく効果が得られません。釈式スキンケアは
使う順から使い方までこだわっています!

失敗を重ねてたどり着いたケア

20代の一時期、アゴ周辺にニキビができたり、乾燥してガサガサになったり、肌状態は最悪でした。美容皮膚科に通ってレーザーやピーリングをしてもらったり、エステに行ったりと考えつく限りの手をつくしましたがまったく効果なし。結局そんな肌の不調は体の中に原因があったわけですが、さんざん嫌な思いをしたために肌トラブルへの恐怖、美肌への憧れはとても強くなりました。

フェイシャルケアはていねいに汚れを落とす、たっぷりうるおいを与えるなど、手間ひまをかけることも大切ですが、化粧品の影響も大きいと思います。だからオフになるとデパートの化粧品カウンターに出かけて、気になるサンプルをたくさんもらってきます。化粧品はその場でちょっと塗ったぐらいでは、決してよしあしはわかりません。「女優なんだからまとめ買いすれば」と思われるかもしれませんが、その辺はとってもシビアです。

いい化粧品を探すコツはやはり口コミ。肌がきれいな女優さんに何を使っているか聞くこともしばしば。でも企業秘密（笑）だと思ってなかなか聞けないことも多く、そうなると余計に知りたい！　インターネットの口コミサイトも小まめにチェックします。美容通の人達の知識たるやすさまじい。本当に勉強になります。

たとえば敏感肌の人が敏感肌用の化粧品を使ってもすべて合うというわけではないし、香料が入っているからといってもその人にとって好きな香りであればリラックスして精神的にいい作用を及ぼすと思います。なのでやはり自分の肌に使うものは妥協せずいろいろと試行錯誤して見つけたいと思っています。

もちろん化粧品だけでは肌は変わってくれないことも、20代の悩んでいた時期に痛感しました。だからこの後紹介する、野菜中心の食事や、毎日たっぷり飲んでいる海洋深層水、加圧トレーニングに溶岩サウナなど、すべてが私にとってはフェイシャルケアの一部ともいえるでしょう。

釈's スキンケア

実力派のコスメを使うことは大切ですが「どう使うか」も実は重要。使う順番、量などを試行錯誤しながら、自分なりのケアステップを見つけました。

start 1 ピーリング

古い角質がたまっているとうるおいが浸透しないので、ピーリング化粧水でまずはやわ肌に。ドクターズでやさしいから肌が弱い私でも使えます。

タカミ スキンピール（30ml）¥7,500　ニキビケアとしても人気の低刺激ピーリング／タカミラボ

2 VC投入

ビタミンCは肌のハリアップや、シミを改善したりと、美肌に欠かせない栄養素。塗布した後10分かけて浸透させるのでその間にボディケア。

トランスダーマC ビタミンCセラム（30ml）¥21,000／アルロン・ジャパン

3 VA投入

ビタミンAは年々衰えていく新陳代謝を高めてくれます。こちらも塗布後10分置くので、その間にエクササイズやストレッチを！

トランスダーマA ビタミンAセラム（30ml）¥21,000／アルロン・ジャパン

4 美白

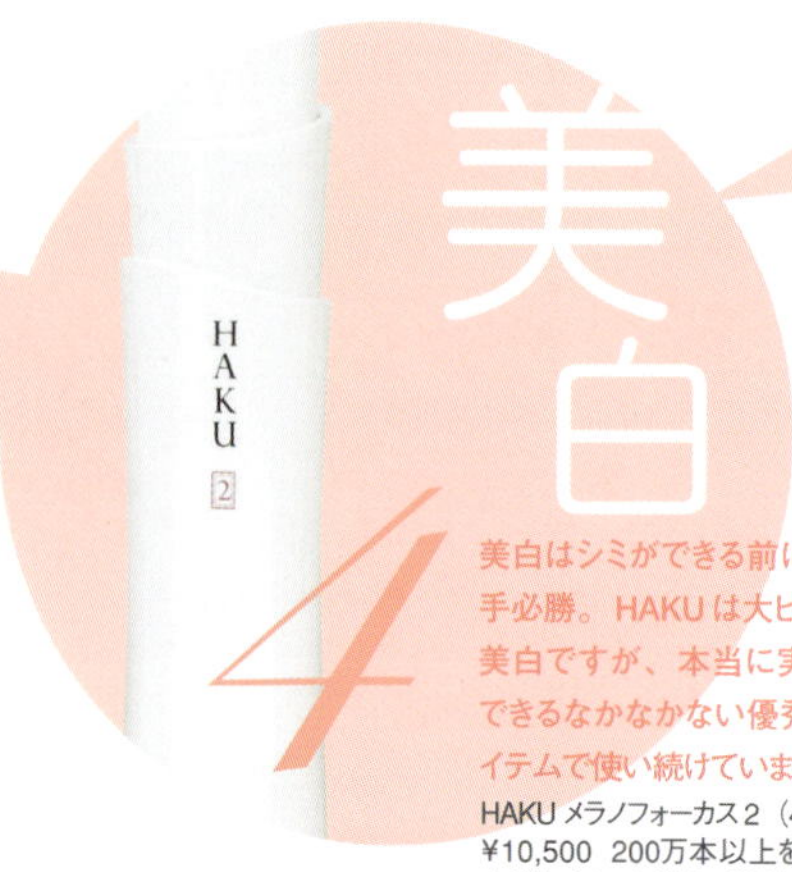

美白はシミができる前に先手必勝。HAKUは大ヒット美白ですが、本当に実感できるなかなかない優秀アイテムで使い続けています。

HAKU メラノフォーカス２（45g）¥10,500　200万本以上を売り上げた大ヒット美白／資生堂

goal!

7 保湿

肌元気はクリームパック並にたっぷり塗って眠ると翌朝の肌がふかふか〜。ドゥ・ラ・メールはCMなどの撮影がある前日にたっぷり使います。

上・肌元気EX（80g）¥5,040／万田発酵　下・クレーム ドゥ・ラ・メール（60ml）¥33,600／ドゥ・ラ・メール

6 栄養

DNAレベルから肌のリペア力を高めるという、最先端のアンチエイジングコスメということで使ってみたら確かにすごい！　手放せない！

リニュートリィブ アルティメイト リフティング セラム（30g）¥33,600／エスティ ローダー

5 保水

化粧水は驚かれるほどたっぷり使います。ナリスは肌を安定させてくれるし、エスティは保湿効果があるのでパックとして愛用しています。

上・リニュートリィブ アルティメイト ローション（200ml）¥12,600／エスティ ローダー
下・マジェスタ バランシング ローション ライト（150ml）¥7,350／ナリス化粧品

クレンジング＆洗顔

ワンランク上の“落とす”美容を目指します！

もっと若いころは高級コスメで“与える”ことを意識していましたが、さまざまな肌トラブルをのり越えて肌に不要なものを“落とす”ほうが先決だと知りました。とはいえ前からしっかり洗顔＆クレンジングをしているつもりだったのですが、クレンジング後にイオンの力で汚れを引き出す「イオン導出」をしてみたら、ティッシュが茶色くなっていて愕然！　こんな汚れが残っていたら肌がきれいになるはずがないと気づき、それからはもっとていねいに洗顔するようになりました。時間をかけて洗顔しているとそれだけですぐ肌がワントーン明るくなりますよ♪

1台に3つの機能で
毛穴の奥の奥まできれいに！

Shaku'sコメント

私はエステ感覚で、自宅で撮影や大きな仕事の前には必ず使っています。スピーディなのが○。

メガビューティ LED
¥34,650　最先端の光エステを搭載し、化粧品と併用すると毎日がエステに／ナリス化粧品

洗う前よりかえって肌がしっとりうるおう!

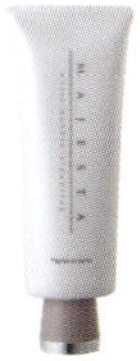

保湿効果が高く、洗顔後つっぱるどころか化粧水をつけたようにしっとりするので乾燥時期に必須!

マジェスタ モイスト ダブルクレンジング（100 g）¥6,300　乳液成分を50％以上配合。メイクもオフ／ナリス化粧品

お気に入りの洗顔&クレンジング

話題の水素水でアンチエイジング

抗酸化作用が高く飲料水でも人気の水素水を使用。今では手放せない一押しアイテムになりました。

ナチュラルアクアジェル Cure（250 g）¥2,625　活性化水素水により肌の生まれ変わりをやさしくサポート／東洋ライフサービス

天然保湿成分たっぷりの自然派ソープでもち肌に

大好きな万田酵素の抽出液が配合された石鹸。刺激がなく肌に元気をくれるので疲れている時に。

化粧石けん 肌ごころ（80 g×3個）¥2,205　万田酵素抽出液のほか黒砂糖やホホバオイルなど天然保湿成分を配合／万田発酵

肌ベースを整えてくすみのない透明肌に

美容液、トランスダーマCとの相性がよく肌にうるおいを与えてくれるので、日焼けする夏や肌や元気がない時に。

トランスダーマソープ（90 g）¥3,990　90日熟成させ自然乾燥で作り上げる洗顔ソープ／アルロン・ジャパン

やさしい香りと手触りで洗顔セラピー

香りやテクスチャーがとてもよく、心身ともに疲れている時などに使うとホッとできます。

カリタ ムスド ボーテ ネトワヤント（125 g）¥6,825／カリタ

敏感肌にもすすめられているマイルドなクレンジング

仕事後はすぐに帰りたいけどメイクもしっかり落としたいせっかちな私は車の中でクレンジング!

ビオデルマ サンシビオ エイチツーオーD（250ml）¥3,360　やさしくふきとるだけのマイルドクレンジング／ジャンパール

毛穴が開く入浴中に使える肌なじみのいいオイル

濡れた手でも使えるので、入浴中に使用。力を入れなくてもポイントメイクがするんと落ちる!

マイルドクレンジングオイル（120ml）¥1,785　肌にやさしいオイルが汚れを浮かしてしっかりオフ。各種美容オイル配合／ファンケル

翌朝の肌を変えるスペシャルケア

シートマスク&マッサージ

撮影の前日や肌が疲れている時は、ふだんのケアにマッサージやシートマスクをプラス。最近のシートマスクはとっても優秀だから、エステに行ったみたいに肌がふっくら、明るくなります。夏はホワイトニングマスクをしていればロケが続いてもシミ知らず!

ご褒美パック

長時間ロケから白肌を守る 強力ホワイトニングマスク

夏にロケがある時はホワイトニングマスクで紫外線から肌をガード。美白はメラニンを作りにくくするものだから、ロケ前から使うのが大切。

サイバーホワイトEX ブライトニングマスク　医薬部外品（21ml×6枚）¥8,400　3種の強力な美白成分を配合／エスティ ローダー

マッサージ

筋肉をほぐし血流を高めて 肌の弾力をアップさせる

Shaku'sコメント

SUQQUオリジナルの顔筋マッサージビデオを見ながらマッサージをするとすぐに肌がほんわかしてきます。クリームの適度な硬さもお気に入り。

SUQQU マスキュレイト マッサージクリーム（200g）¥10,500　東洋蘭の香りで心安らぐマッサージタイムに。スポンジクロスつき／SUQQU

シートマスクは自分へのご褒美!

マッサージ

スチーマーを当てながら マッサージをすればまさにエステ

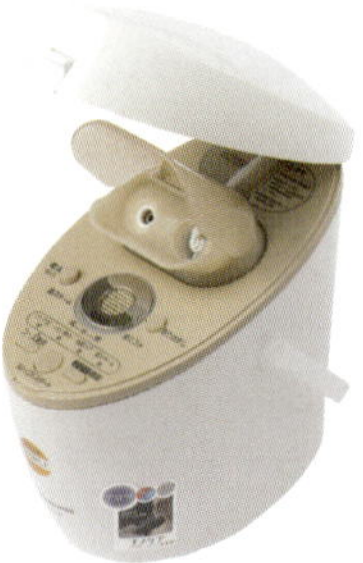

マッサージをする時は、スチーマーをかけながら行うとクリームが乾かず、仕上がりのうるおい度も高まります。スチーマーだけで使っても肌が温まるし、しっとり。

イオンスチーマー ナノケア EH-SA90 オープン価格　温プラチナスチームと冷マイクロミストの交互刺激が可能。プラチナスチームが肌の奥（角質層）まで届き、ハリのある肌へ。アロマをセットすることもできます。お試し用アロマ1本つき／パナソニック

ビューティアイテム

シートマスク

ほかにはない引き上げ力でもたついた輪郭をキュッ

下部の引き上げ力は、ほかのシートマスクにはない強力さ。マスクをした直後からでキュッとしたハリを感じることができるので、むくんでしまった朝の応急処置にも使える!

SK-Ⅱサインズ デュアル トリートメント マスク（6枚）¥12,600 上下2枚にわかれており、目元が気になる上部は肌をのばす作用、フェイスラインが悩みになる下部は肌を持ち上げる作用を重視。引き締まってハリのある肌に／マックス ファクター

シートマスク

肌が2トーン明るくなる驚異の美白マスク

1枚に美容液1本分が使われているという贅沢なシート。肌がワントーン明るくなるアイテムはわりとあるけど、これは何と2トーンも明るくなり、驚きました。

SK-Ⅱ ホワイトニング ソース ダーム・リバイバル マスク（6枚）¥10,500 肌の上で水状になるジュースが約8時間も浸透。ストレッチ新素材でフェイスラインまでしっかりとカバーしてくれます／マックス ファクター

目元用パッチ

疲れた目元を衝撃的に復活させる実力派

寝不足気味で目元に疲れが出てしまった時に使ってみたら、みるみる元気を取り戻し衝撃的に肌が復活!　目元が元気になると若々しく見えるからかなり頼れる存在。

パーフェクショニスト パワー パッチ（4g×3セット）¥8,400　超薄型バッテリーを採用した電池つきの目元用パッチ。微弱電流で有効成分と、肌内水分とを最大限に活用して20分でシワをケア。さらにコラーゲン生成も促しシワのできにくい肌に／エスティ ローダー

シートマスク

うっかり日焼けをした肌を集中的にリペアする

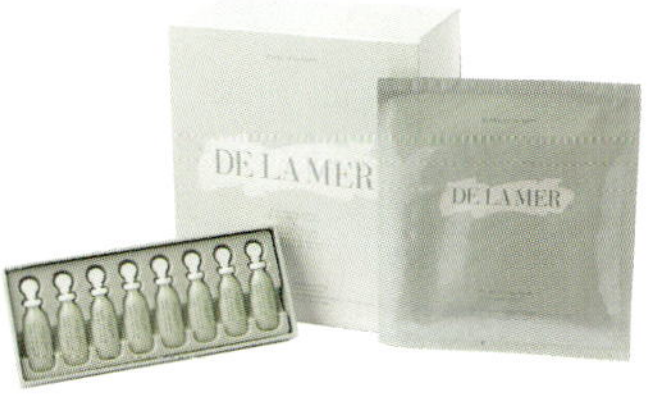

航空宇宙物理学者の方が自身の火傷をきっかけに開発された化粧品だけに、仕事でうっかり焼けてしまったときの効果は素晴らしい!　決して安くありませんが、それだけの価値あり。

ザ・インフュージョン プライマー&ザ・ホワイトニング マスク　医薬部外品（8回分）¥52,500　独自のうるおい成分で肌を整えてから美白成分を与える2段階のケアが特徴／ドゥ・ラ・メール

ディテールも意外と見られているから

パーツケアも手を抜かない！

ついつい忘れがちなディテールこそ、実はケアが必要な場所。たとえば目元や唇は汗腺がないから乾きやすく、デリケートだからシワになりやすいパーツ。せっかくていねいにフェイシャルケアをするなら、パーツまで念入りに仕上げたいですね。

アイ

あらゆる目元トラブルから救ってくれる万能選手

乾燥や小ジワだけでなく、くまやはれぼったさなど、オールラウンドでカバーしてくれる何でもこいのアイクリーム。アプリケーターがひんやり気持ちよく疲れもやわらぎます。

ザ・アイ　コンセントレート（15ml）¥24,150　4ヶ月もの間低温／低圧のバイオ発酵を行う独自の成分“ミラクル　ブロス”を３種配合。また磁気をチャージしたヘマタイトが目元を元気な印象にしてくれます／ドゥ・ラ・メール

ティース

日々の歯の美白で笑顔に自信が持てる

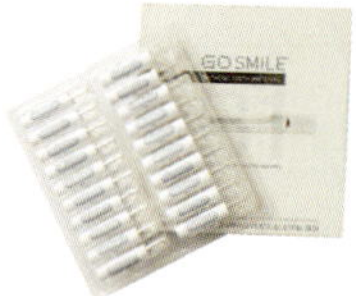

Shaku'sコメント

かかりつけの歯科の先生にすすめていただいた歯の美容液。紅茶や赤ワインなど、日々少しずつ歯は着色されてしまうので小まめにオフするのが白い歯を維持する秘訣。

GoSMILE アドバンスド・フォーミュラ B1（20本入り）　オープン価格　歯の色を４～10段階明るくするホームケア用ホワイトニング。歯科医で受けるホワイトニングのメンテナンスとして使うとさらに効果的／ニュースマイルアンドカンパニー

リップ

眠っている間のパックでいつでもふっくらリップ

こくのあるバームなので、日中はほかのリップを使い、夜まるでパックのようにたっぷり塗って眠ります。

ザ・リップバーム（9g）¥6,300　風、寒さ、暑さ、乾燥などさまざまな刺激から肌を保護しながら、たっぷりのうるおいを与えて内側から弾むような唇に。ミントの香りで気分もリフレッシュ／ドゥ・ラ・メール

瞬時に唇がセクシーにボリュームアップ！

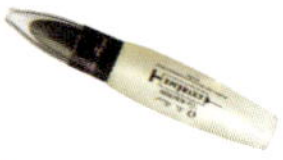

ハワイで見つけたリップジェル。唇がぽよよんとボリュームアップして、まるでアンジーのようになれるから、こっそり撮影前に（笑）。

トゥ フェイス リップインジェクション　エクストリーム　¥4,725　塗布後１～２分で唇がボリュームアップするリップ美容液。／コスメ・デ・ボーテ

美容液

化粧直しにも欠かせない美容液

化粧水で肌を整えた後に使うスプレータイプの美容液。お化粧直しの時に使うと、仕上がりがとてもきれいなんです。香りや使い心地も大好きで、仕事中でもリラックスできるんです。

ボーテ イニシアル スプレイ セラム（50ml）¥12,075　抗酸化効果の高いブルージンジャー PFA や微量ミネラル、ビタミンなどの成分が肌にエネルギーをチャージ。ジェル成分が配合された微細なミストがみるみる肌に浸透していき、1日中うるおわせ続けます／シャネル

その他のケア

釈オリジナル ローション浸透術

長時間ローションパックをすると、水分が奪われて逆に乾燥してしまいます。でもたっぷり化粧水を使うのに 5 ～ 10 分で終わらせるなんてもったいない！　そこで考えついたのがマスクの重ねづけ。肌の温もりで浸透が高まるし、途中で乾いてしまうこともないから 30 分パックしても大丈夫。即効で肌が生まれ変わったみたいにふっくらします！　ただしジェイソンみたいな恐ろしい見た目にワンコ達も寄ってきません……。

1

たっぷりコットンパック

コットンがはじまでしみしみになるぐらい、たっぷりローションを浸して 2 枚に裂き、乾きやすい頬を中心に張りつけていきます。

2

密着させて乾燥ガード

ラップタイプのマスクを重ねてローションが外側から乾いてしまわないように肌を密閉。ローションのうるおいや美容成分をフルに浸透させます。

シェイプパック（30 枚）¥998 ／マイク・コーポレーション

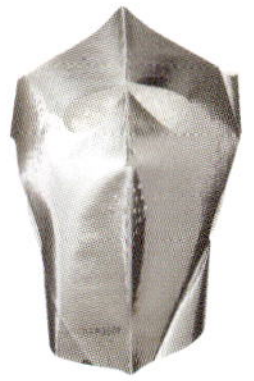

3

温めて浸透アップ

アルミタイプのマスクを重ねて保温することで、ローションの浸透を高めます。コットンを固定できるから、その間ほかのこともできる！

アルミサウナラップ フルフェイス ¥945 ／コジット

不足しがちな栄養素はサプリでプラス

きれいと元気を作るナチュラルサプリ

基本的に栄養は食事から摂るようにしていますが、気をつけていても不足しがちな栄養素はサプリメントとして取り入れています。それでも口コミ情報を集めて、ナチュラルだけど効果が実感できるものを厳選しています。

コラーゲンサプリ

ロケや旅行には便利なジュレタイプ

常温保存が可能なので、ロケなどにはこちらを持参。「すはだ美」は摂り忘れると翌日肌がカサカサになって忘れたことに気づくほど私に合っているみたい。

すはだ美 ジュレ（20 g× 15 本）¥4,800　海洋性コラーゲンをベースにツバメの巣やハス胚芽エキスなどを配合したゼリータイプサプリ／さわやか元気

コラーゲンサプリ

コラーゲンも効率よく摂取する

Shaku'sコメント

3～4年愛用しています。コラーゲンを使いやすい加圧後や夜に。コラーゲン吸収に欠かせないビタミンCも一緒に摂るため野菜ジュースでわって飲みます。

すはだ美 ゆず味(20 g× 30 包）¥12,600　1包に5000mg の海洋性コラーゲンを配合。保存料など無添加なので出荷から保存まで要冷蔵／さわやか元気

青汁

もっと野菜が摂りたいから ナチュラルな青汁をプラス

食事でたっぷり野菜を摂っていますが、野菜自体の栄養価が下がっていると聞いたので、補足のために飲んでいます。青汁の中でも甘くておいしくて飲みやすい!

緑効青汁（3.3 g× 90 袋）¥9,765　無農薬で育てた国内産の大麦若葉が主原料。水溶性食物繊維や乳酸菌、オリゴ糖なども配合した独自の「ゴールデンバランス」が特徴的。味にくせがないため年齢を問わず、おいしく飲めるのも人気の理由／アサヒ緑健

サプリメント

クエン酸

クエン酸で美肌や
ダイエットも応援

通っている溶岩ヨガのスタジオで見つけたドリンク。クエン酸で疲労回復するだけでなく、脂肪燃焼や美肌にも役立つそう。味も気に入っています。

梅果紫蘇（720ml）¥3,465　完熟南高梅を使用した果実クエン酸飲料。漢方的バランスを配慮し赤紫蘇も配合。／カマタニ自然生活研究社

アサイー

おいしく飲んで
アンチエイジング

アサイーはアンチエイジング効果が高く、それでいておいしい!　同じシリーズのアセロラ&カムカムは風邪気味の時やコラーゲンを飲む時に。

アサイーエナジー　左・ベリーズ、右・オリジナル（各200g）各¥300　砂糖、香料、保存料不使用の濃厚アサイーナチュラルドリンク／フルッタフルッタ

酵素

飲む前に飲んで
お酒を味わう

お酒を飲む前に必ず食べています。これを食べると1人でワイン1本飲んでも悪酔いせず、おいしくお酒が楽しめるから、お酒好きの人にはとってもおすすめ!

万田酵素 幹事くん（5粒×2包）¥630 万田酵素を携帯しやすく、手軽に飲める粒タイプに。ココア味で粒も小さなソフトタイプで飲みやすい／万田発酵

しそ酢エキス

健康成分たっぷりの
しそ酢を習慣に

ダイエットやアレルギー改善などさまざまな作用があって話題になっているロズマリン酸をたっぷり含むしそ酢。無糖だからさっぱりと飲めます。

三田のめぐみ（720ml）¥3,990　無農薬で育てられたしそと波動水で作られたしそ酢エキス。無添加で高品質。濃縮タイプ／ユーティウェーブ

酵素

女優さんのきれいの
秘密は酵素にあり!?

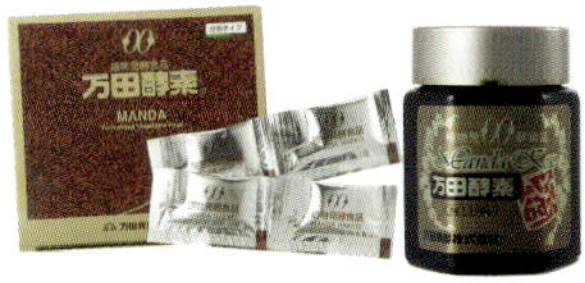

共演したきれいな女優さん方にその秘訣を聞いたら万田酵素という答えが多く、試してみたら確かに!　体の中の酵素は年々減ってしまうそうなので補給することが大切です!

左・万田酵素（2.5g×60包）¥11,500、右・万田酵素 金印（145g）¥36,750　53種類以上もの果実類、根菜類、穀類、海藻類などを3年3ヶ月以上じっくり発酵。金印は5年以上も長期発酵させています。とろっとした液状なので、携帯には分包が便利／万田発酵

ドクターズサプリ

即効性の高いサプリは
肌の駆け込み寺

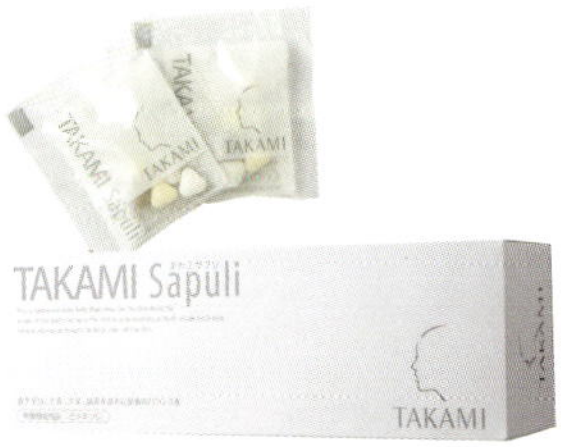

「飲むにんにく注射」と呼んでいるほど、即効性のあるサプリ。肌や体が疲れていると感じた時に飲んでいます。すぐに何とかしたい肌トラブルにとても便利ですよ!

タカミサプリ（6粒×30包）¥10,500　肌の基礎作り、新陳代謝アップ、うるおいアップ、細胞の強化、腸内吸収アップ、ダイエット・筋肉強化の6粒をアソートパックに／タカミラボ

CHAPTER 4

野菜食

お腹いっぱい食べてもカロリーオーバーせず、
体の中からきれいになっていくのを実感できる野菜食。
新しい食べ方を考えるのも楽しみのひとつです。

体の中からきれいになる自然菜食

元々太りやすい体質なので、徹底してダイエットをしている時はほとんど何も食べないという不健康な状態でした。でもそれでは肌はボロボロ、体力もなくなりすぐに倒れてしまうということを実感してからは、野菜を中心にたっぷり食べるようにしました。

昔から野菜は大好きなんですが、外食では満足いくほど野菜を食べるのは難しいですよね。野菜を中心としたヘルシーなお店もありますが、仕事もあるので毎日通うのは無理。そこで自炊中心の生活に変えたんです。

基本的にしっかり作って食べるのは昼と夜。野菜スープや煮物、副菜など野菜が食べられるメニューが中心です。朝はデトックスタイムなのでフルーツなどを軽く食べるだけです。昼は炭水化物系を摂ってエネルギーチャージし、お仕事ができるようにしています。仕事で出されるお弁当は揚げものが中心になるので、太りやすいし、自然菜食にした今では胃に重いのでなるべく前日の夜の野菜食と玄米のおにぎりなどをお弁当にして持参。保温できるお弁当箱なのでスープもほかほか。マネージャーのぶんも持って行くので、最近ではマネージャーまでヘルシー志向なんですよ（笑）。夜は野菜中心で低脂肪高たんぱくのメニューで体を作ります。

不規則な仕事をしながら毎日自炊するなんて、とほめていただくこともあるのですが、時間がなくても圧力鍋なら短時間で煮こみができますし、常備菜やぬか漬けを用意してあるので実はそんなに手間もかかりません。

自然菜食にすると疲れて麻痺気味だった味覚も復活するらしく、以前はとても甘いものが食べたくてたまらなかったのに、最近ではほとんど欲しくなりません。たまに糖分が欲しくなってチョコレートを食べますが、それも2かけも食べれば十分。お汁粉や寒天ゼリーを作って食べることもありますね。それだと自分で甘さが調整できるし、洋菓子よりヘルシー。

と、毎日の食生活はヘルシー志向ですが、友達と食事をする時はお肉でもお酒でも食べたいもの、飲みたいものをいただいて、思い切り食事を楽しむようにしています。メリハリは大切ですよね！

RECIPE OF VEGETABLE FOOD

風味はそのままに和素材で

根菜ラタトゥユ

温玉ごっこ　¥1,029　お湯を入れるだけで家庭で簡単に温泉たまごができる／セイエイ

釈'sPOINT

大好きなラタトゥユですが、夏野菜は体を冷やすので秋冬は根菜でアレンジ!　温泉たまごをのせるとさらに美味。専用の調理グッズを使えばとても簡単です。

私は「温玉ごっこ」を使っています。

材料		4人分
A	ごぼう	1/2本
A	れんこん	1/2節
A	かぶ	2個
A	セロリ	1/2本
A	マッシュルーム	4個
A	パプリカ（黄）	1個
A	ミニトマト	1/2パック
	にんにく	1片
	オリーブ油	大さじ1
B	水	1/2カップ
B	白ワイン	大さじ2
B	固形スープの素	1個
B	塩	小さじ1/3
B	こしょう	適量
B	タイム	1枝
	しょうゆ	小さじ2

HOW TO COOKING

作り方

①

ごぼうのみ皮をむく。ごぼうは斜め１cm幅に、れんこんは小さめの乱切り、かぶは茎を少し残して６等分に、セロリは筋を取り斜め２cm幅に、マッシュルームは半分に、パプリカは乱切りにする。

② 厚手の鍋にオリーブ油を熱し、つぶしたにんにくを加え香りが出たらAを入れ、ざっと炒め合わせる。全体に油が回ったらBを加えてふたをし15分ほど蒸し煮する。

③ 仕上げにしょうゆを加え、さっと混ぜ、器に盛る。お好みで温泉卵を、あればイタリアンパセリを飾る。

季節で野菜をチョイス！

夏はズッキーニやナス、トマトなどをたっぷり入れたベーシックなラタトゥユを作ります。とはいえやっぱりエリンギやしめじなど、きのこ類を入れるのが秋式。ラタトゥユというと添えもの料理というイメージがありますが、野菜を大きめに切ると立派なメインの料理になります！

RECIPE OF VEGETABLE FOOD

簡単ごちそうスープ

野菜がたっぷり食べられて、お腹も満足するごちそうメニューがスープ！
一時は鍋にハマっていましたが、スープだと食べる量を調整しやすく
作りすぎても翌日また食べられるから、野菜食を手軽にしてくれます。

シチューのようなまろやかさ

豆乳スープ

材料

	材料	2人分
	かぼちゃ	200g
A	玉ねぎ	1/2個
A	セロリ	1/2本
A	にんじん	1/3本
A	大豆（ゆでたもの）	30g
A	エリンギ	1本
A	しめじ	1/2パック
	調整豆乳	1カップ
B	水	2カップ
B	固形スープの素	1個
B	塩	小さじ1/2

釈'sPOINT

シチューやポタージュのような味わいで、ダイエット中でも満足感が高い！豆乳は無調製を使うと分離してしまうのでお料理には調整を選んでくださいね。

HOW TO COOKING

作り方

1. かぼちゃは皮、ワタを取り、ひと口大に、エリンギは縦４等分、玉ねぎ・セロリは薄切り、にんじんは半月に切る。しめじは石づきを取り小房にわける。

2. 圧力鍋にAとBを加え入れ、３分加圧する。

3. さっと水にくぐらせたかぼちゃを耐熱容器に入れ、ラップをして電子レンジ（600W）で３分加熱し、ミキサーに入れ豆乳とともにかくはんする。

4. ③を②の鍋に加え温める。

じゃがいもで 作ってもおいしい！

じゃがいもで作る時はじゃがいも大１個をひと口大に切り、電子レンジで５分ほど加熱してから、かぼちゃの豆乳スープと同様に作ります。あさりを加えてクラムチャウダーのようにして食べてもおいしいし、ミネラルも補給できます。

きのこやお豆もたっぷり入れて！

ミネストローネ

釈'sPOINT

一般的にはあまり入れないようなのですが、私は大好きなきのこ類やお豆類もたっぷり入れちゃいます。デトックス効果の高い食物繊維が豊富なきのこは最高の美容食。

材料

材料	4人分
ベーコン	4枚
パプリカ(黄)	1/2個
ズッキーニ	1/2本
玉ねぎ	1/2個
エリンギ	1本
ひよこ豆(ドライパック又は缶)	50g
しめじ	1/2パック
A トマト缶	1缶(400g)
A 水	3カップ
A 固形スープの素	1個
オリーブ油	大さじ2
塩	小さじ1弱
塩・こしょう・パルミジャーノ	適量

作り方

1. ベーコンは1㎝幅、パプリカ・ズッキーニ・玉ねぎ・エリンギは各1㎝角に切る。しめじは石づきを取り小房にわけ、半分に切る。トマト缶は手で粗くつぶす。
2. 鍋にオリーブ油を熱し、ベーコンと豆・野菜類を炒め合わせる。全体に油が回り、しんなりしてきたら塩、こしょうをふり、Aを加え弱火にしてじっくり煮こむ。出てきたアクは除く。
3. 15分ほど煮こんだら塩（小さじ1弱）、こしょうで味を調え、器に盛りパルミジャーノをふる。

思わずほっとする和風味
れんこんスープ

釈'sPOINT

根菜パワーとしょうがで、体の芯からぽかぽかしてくる冬におすすめのスープ。れんこんにたっぷり含まれるビタミンCはでんぷんに守られて壊れにくいから風邪も予防！

材料　4人分

れんこん	1節
玉ねぎ	1/4個
にんじん	1/4本
しょうが	1かけ
万能ねぎ	適量
だし汁	3カップ
薄口しょうゆ	小さじ2
酒	大さじ1

おすすめのしょうが

金時生姜（100g）
¥2,625　一般的なしょうがより香りや辛み強い／京のくすり屋

作り方

1. れんこんは皮をむいて水にさらした後、半分は1cm角に切り、残りはすりおろし用に取っておく。玉ねぎ、にんじん（皮をむく）は1cm角に切る。
2. 鍋にだし汁、酒をわかし、切った野菜（れんこんも含む）を加え野菜に火が通ったら薄口しょうゆで味を調える。仕上げにすりおろしたれんこんを加える。
3. 器に2を盛り、しょうがのすりおろしと万能ねぎの小口切りを散らす。

具だくさんで満足度が高い！

豚汁

釈'sPOINT

冬は体を温めてくれる根菜を積極的に食べるようにしているので、豚汁は定番メニューのひとつ。まいたけやえのきも加えて、きのこ三昧にして食べることも多いです。

材料	4人分
豚肉（薄切り）	100g
大根	1㎝分
れんこん	50g
ごぼう	1/4本
にんじん	1/2本
こんにゃく	1/4枚
さといも	2個
しめじ	1/2パック
しいたけ	2枚
長ねぎ	1/2本
豆腐（木綿）	1/2丁
だし汁	3カップ
味噌	大さじ3

作り方

1 豚肉はひと口大に、野菜は皮をむき大根・れんこん・にんじんはいちょう切り、ごぼうは斜めに、さといもは1㎝厚さに切り、しいたけは薄切り、長ねぎは1㎝幅に、ゆでたこんにゃくは色紙切りにする。豆腐は手で小さくちぎる。しめじは石づきを取り小房にわける。

2 だし汁をわかし、具材をすべて加えアクを取り、野菜に火が通ったら味噌を加える。

3 器に盛り、お好みで七味をふっていただく。

焼いたチキンの風味にやみつき

ポトフ

釈'sPOINT

チキンは少し焼き目をつけてから加えることでポトフ自体の風味が増します。ソーセージでもおいしくできますよ。具はゴロッと大きめに切っても圧力鍋なら短時間でできる！

材料

材料	4人分
じゃがいも	2個
にんじん	1本
かぶ	2個
玉ねぎ	1個
クローブ	2個
鶏骨つきもも肉	2本分
塩・こしょう	適量
オリーブ油	大さじ1
A 固形スープの素	1個
A 水	4カップ
A ローリエ	1枚
塩	小さじ1/3
こしょう・粒マスタード	適量

作り方

1. じゃがいもは皮をむいて水にさらす。他の野菜は皮をむきにんじんは4等分に、かぶは茎を2㎝ほど残して半分に、玉ねぎは縦半分に、鶏骨つきもも肉は2等分に切る。
2. フライパンにオリーブ油を熱し、軽く塩、こしょうした鶏骨つきもも肉を焦げ目がつくまで焼く。玉ねぎにはクローブを刺しておく。
3. 1の野菜と2、Aを圧力鍋に入れ、ふたをして加熱する。ロックピンが上がったら弱火にし、5分加圧する。加圧後、火を止め自然放置する。
4. ピンが下がったらふたを開け、塩（小さじ1/3）、こしょうで味を調え、器に盛る。マスタードを添えて。レモンを絞っても美味。

RECIPE OF VEGETABLE FOOD

ひじきとカレー風味が意外にマッチ

和キッシュ

材料		4人分
グラタン皿15cm角1枚分　フィリングのみ		
	長ねぎ	1本
	玉ねぎ	1/2個
	塩・こしょう	適量
	カレー粉	大さじ1/2
	オリーブ油	大さじ1
A	ミックスビーンズ	100g
A	コーン	50g
A	ひじき	10g
B	全卵	4個
B	牛乳・生クリーム	各150 cc
B	塩	小さじ2/3
B	こしょう	適量
	チーズ（ゴーダ、グリュイエールなど）	60g

釈'sPOINT

お店で食べるキッシュは具が少ないので自分で野菜をたっぷり入れて作るようになりました。ひじきなど和の食材でも合うのでいろいろ試してみてね。

HOW TO COOKING

作り方

1 長ねぎ、玉ねぎを薄切りに。ミックスビーンズと戻したひじきをそれぞれさっと湯通しする。

2 長ねぎと玉ねぎはオリーブ油を熱したフライパンで塩少々（分量外）をして薄く茶色に色づくまで炒める。Aを加え入れ、塩、こしょう、カレー粉で味を調える。グラタン皿に炒めた具材を広げ入れる。

3 Bの材料をよく合わせ、2に加えてチーズをかけて180度のオーブンで約30分焼く。

キッシュ生地を手作りに！

やはりキッシュは生地ありのほうがおいしい！　冷凍のパイ生地でもOKですが、バターが多くてカロリーも高いから、全粒粉を使って手作りにするのがおすすめ。

材料

キッシュ型16㎝　2台分

強力粉 -------- 100g
全粉粉 -------- 50g
バター -------- 100g
冷水 -------- 40 cc
塩 -------- 小さじ 1/3

作り方

1 粉とバター（7㎜角に切って冷蔵庫で冷やしておく）をフードプロセッサーに入れ、小刻みに動かしバターが米粒くらいになったら冷水と塩を加え、ひとかたまりになったらラップをして1～2時間冷蔵庫で休ませる。

2 1を薄くのばし型に敷きこみ、重しをして空焼きする。190度15分、重しを取って5分。

RECIPE OF VEGETABLE FOOD

サラダのこだわり

体を冷やさないように温野菜で食べることが多いのですが、
加熱すると壊れてしまうビタミン類や酵素を摂るためには
サラダがベスト！　野菜のおいしさも一番感じられますね。

野菜の質を高める洗剤

野菜はオーガニックなどこだわりすぎるとハードルが高くなってしまうので、一般的なスーパーで買えるものを使っています。ただし野菜用の洗剤を使って野菜を洗うのが釈流！　少しつけておくだけで水が黄色くなり、野菜はツヤツヤ。味も格段によくなります。

レヴォ・ピュール（380 g）¥1,680
100%天然素材で作られた野菜・果物用洗剤。汚れだけでなく、農薬や化学物質も落としてくれます／エストリンクス

きれいを作る ベーシックドレッシング

材料

しそ油	大さじ1	レモン汁	お好みで
バルサミコ酢	大さじ1	塩・こしょう	小さじ1/3

しそ油はアレルギーや冷えの改善にもいいと聞き愛用しています。バルサミコ酢は酢の栄養成分にプラスして美容にいいポリフェノールもたっぷり。しそ油は風味が強くないので、バルサミコの香りがよく引き立ちます。レモン汁はなくてもＯＫですが、味が引き締まりますよ。しそ油は酸化しやすいそうなので、作り置きせず、その都度作るのがおすすめです。

主食になるほどボリュームたっぷり

タコサラダ

釈'sPOINT

レタスは太めに、きゅうりやトマトも大きめのさいの目に切り、歯ごたえをよくすることで満足感が高まります。よく混ぜてから食べると、一層おいしくいただけます！

材料　1人分

- レタス……2枚
- きゅうり……1/2本
- トマト……1/2個
- チーズ……適量
- タコライスの素（市販品）
- パセリ（みじん切り）……適量

タコライス2食用（164g×5パック）¥1,565　いつもお取り寄せしているタコライスの素。スパイシーで後引くおいしさ。ミートもたっぷり／沖縄ホーメル

作り方

1. レタスは太めの千切りにし、きゅうり、トマトは1cm角に切る。
2. 器にタコライスの素を敷き、チーズ、1を盛りパセリをふる。
3. お好みでこしょうをふる。

何でもストックが釈流です

自炊の手抜きポイント

自炊を続けるポイントは、上手に手抜きをすること！　スープや煮こみ料理はおいしくできるので、たっぷり作っておきます。だから翌日はメインのおかずは作らなくてOK！　作るとしても副菜だけなので、とても気楽です。

煮物などの常備菜もいっぱい作って冷蔵庫にストックしておくし、漬物もつねに数種類用意。キッシュ生地なども毎回作るのは面倒なので、1度に3～4枚作って冷凍してあります。だから我が家の冷蔵、冷凍庫はつねにギッシリ。

これだけそろっていれば「今日は何もしたくないな」という日はあるものだけでも十分。ストレスを持たないことが長続きの秘訣です。

野菜は数回分をまとめて洗います。

サラダ用の野菜も毎回洗って水を切るのは意外と面倒。だから1日分をまとめて洗い、水切りしたらそのまま冷蔵庫に入れておきます。野菜用の水切りは使ってみるととても便利で手放せなくなりますよ。

常備菜は必須！

豆や切り干し大根、ひじきなどの煮物は常備菜の定番。日持ちがよいので1週間ぐらいは冷蔵庫保存できます。ぬか漬けは祖母から譲り受けたぬか床にぬかをつぎ足し、つぎ足ししています。あまった野菜は何でも入れちゃうのですが、案外どれもおいしいです。

圧力鍋は必需品

調理時間が短縮できる圧力鍋が手放せない

お腹がすいて帰宅してもすぐには食べられないことも、自炊の不便なポイント。でもその問題も圧力鍋があれば解消できます。

圧力が上がってからだいたいのものは5分以内でできてしまうから、時間がないときは敬遠してしまう野菜の煮こみもすぐにできる！　あまりにも圧力鍋使用頻度が高いので、もう1～2個買おうか検討中です。

イタリアの家庭で愛用されている圧力鍋。圧力がかかるので、本当にあっという間に何でもできちゃいます。ふたが軽くて扱いやすいのも特徴。イタリアらしいデザインも気に入っています。

ラゴスティーナ 圧力なべ5.0 ℓ
3段階の安全設計がなされており、25年保証もついています／グループセブ ジャパン

炊飯もスピーディー

圧力鍋なら炊飯もお米を洗うところから、炊き上がりまでトータルで20分ぐらい。速いだけでなく炊飯器で炊くよりも玄米は甘みが増すし、白飯でもツヤツヤに。玄米には2合当たり大さじ1のみりんを加えるとさらにおいしくなりますよ！

お気に入り玄米

発芽玄米にはビタミンやミネラルなど玄米特有の栄養素だけでなく、ギャバというストレス緩和に役立つアミノ酸が豊富と聞いて取り入れました。

ファンケル『発芽米』（1kg）¥780
国産うるち米使用。甘みや香ばしさが高く、食べやすい／ファンケル

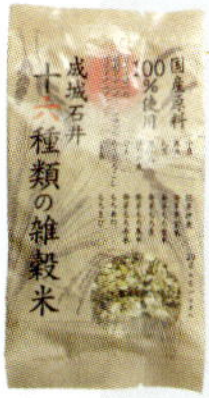

お気に入り雑穀

白いご飯はおいしいのですが、玄米に比べて栄養価が低いので、雑穀をプラス。体にやさしいだけでなく、味わいも深くなりますよ。

国産十六種類の雑穀米（20g×6袋）¥550　日本初の雑穀ブレンダーによる成城石井オリジナルブレンド。国産原料のみ使用／成城石井

ご飯も冷凍してストック

ご飯もまとめて炊いておき、ご飯1杯よりも少なめの量でおにぎりにして冷凍しておきます。炊きたてを冷凍するので味はまったく落ちません。お弁当に持って行ったり、お鍋の後おじやにしたりと便利ですよ！

朝食は腸（!?）ヘルシー

軽めの朝食が体を浄化するコツ！

体にとって午前中は浄化＆排泄の時間なのだとか。だから朝はヨーグルトと果物など、軽めにして胃腸に負担をかけないようにしています。朝、果物を食べると糖が脳の栄養になるので頭もシャッキリ。

とはいえ朝早くから仕事が入っている時は、昼前にお腹がすいてしまうこともあるので、そんな場合は10時ごろ雑穀米おにぎりで腹ごしらえ。

自家製ヨーグルトは1週間で1ℓ

カスピ海ヨーグルトは専用メーカーを使い、低脂肪や無脂肪乳で作ります。独特のネバ～ッとした食感がたまらない！　これを食べるようになっていつの間か花粉症も消えていました。

カスピ海ヨーグルトメーカー カスピラボ ¥13,000　温度管理は一切不要で簡単。送料こみ。種菌が必要です／フジッコ

体の中のお水をきれいに入れ替える

朝、目覚めの水分補給から始まって、1日2～3本は飲みます。肌が荒れている時はこの水でローションパックをすると落ち着くし、犬達にもあげていたら毛ヅヤもよくなったんですよ。

超★海洋深層水100％ MaHaLo（1.5ℓ）¥630／高陽社

果物でたっぷり酵素も補給

果物はつねに数種類、買い置きがしてあります。どんな果物でも食べますが、旬の新鮮なものを選ぶようにしています。旬のものは果物に限らず栄養価もエネルギー値も高いそうですよ。

いろんなフルーツをいただきます！

釈式断食ジュース

外食が続いた週は1日だけのプチ断食

友達と楽しくお食事をしたり、パーティなどに呼ばれたら思い切り飲んだり食べたりしますが、そのぶんやはり体が重くなってしまうので、プチ断食でデトックス！　難しいことは一切なしで、1日ジュースとお水を飲んで過ごすだけ。ふだんフル稼働している胃腸が休まって、たまっていた疲れも取れていきます。老廃物がスムーズに流れてくれるので、肌もきれいになるし、お通じも良好といいことづくめ。

大根がジュースの要

ジュースに使う素材は野菜と果物、何でもかまいませんが、かならず入れて欲しいのが大根。大根に含まれている酵素が胃の働きを助けてくれるから、デトックス効果が高まるそうなんです。ただし入れすぎると辛いので注意!

小腹が減ったら!?

どうしてもお腹が減ってしまった時は、万田酵素（p89で紹介）をかけたカスピ海ヨーグルトや寒天ゼリーを食べて空腹感を癒します。寒天ゼリーもヨーグルトのように手作りして冷蔵庫にストックしておくと便利ですよ。

サラダとお水で軽い朝食

サラダとかぼちゃの豆乳スープ

おばあちゃんからわけてもらったぬか床は私の宝物。長期留守にするときは妹にぬかの管理を頼みます。

冷蔵庫にはたっぷりの野菜

野菜キッシュ完成!

その時冷蔵庫にある野菜をたっぷり入れて作るキッシュは食べ応え十分です!

満足感の高いキッシュの食事

愛情いっぱいオムライス♥

デトックスジュース

外食が続いた後は、デトックスジュースで体をリセット。旬の野菜や果物と、酵素たっぷりの大根がポイント。

ワッフルでカフェのような朝食

Shaku's Daily Food

家ではだしにコクを出したり、アクセントにお肉やお魚を少々使う以外は基本的に
野菜を中心にした食事。お昼も仕事で出していただくお弁当は油っこすぎることが多いので、
玄米&野菜のおかずを持参しています。おいしくてきれいになれる野菜食、ぜひおすすめです!

MY定番料理、肉じゃが

1月7日は胃にやさしい七草がゆ!

鍋はしゃくしゃくとした野菜の
食感を楽しみます

豚汁などのスープ
は保温できるランチ
ボックスで仕事にも
持参します。

釈'sお弁当大公開！

夕食をたっぷり作って、翌日のランチのお弁当に。昼はエネルギー源として炭水化物を玄米や雑穀米で摂るようにしています。撮影現場のスタッフの方に差し入れることもあり、意外と好評なんですよ!

筋肉維持のためお肉も食べます!

マネージャーと2人分

大粒の梅干しで疲れも解消

ぬか漬けもラップして持参!

常備菜の簡単ヘルシー弁当

混ぜご飯は彩りもきれい♥

ほんのり甘い卵焼きが主役

のりでご飯に顔を描いてみました♪

簡単、かわいい、そぼろ弁当

サラダと温野菜たっぷりランチ

栗ご飯を炊いてみました

なつかしいタコさんウィンナー

チーズフォンデュもおすすめ！

古漬けをこまかくきざんで
乗せるとおいしい！

パスタとニョッキのよくばりランチ！

お友達や妹が遊びに来た時
は、フォンデュでおもてなし。
チョコフォンデュのデザート
も評判です！

ラタトゥユは温玉をのせて

十分主食になるボリューム

たっぷりタコサラダ

CHAPTER 5

釈ビューティ！ の素

今よりもっと輝きたいと努力することは大事ですが、
時にはスイッチを切り替え肩の力を抜くことも必要。
不器用な私が失敗を繰り返しながら学んだこと……。

〝ふんにゃかふんにゃか〟のススメ

ふんにゃかふんにゃか。

これは昔から自分の中にあった〝こうなりたい私〟のイメージをあらわした釈語で、座右の銘といってもいいかもしれません。

私が理想とするやわらかくてしなやかで、だけどどこか凛としている女性に近づくためにも、肩の力を抜いて、腹八分ぐらいのテンションでいけたらいいなという思いがこもっています。

そう思ってしまうのは、本来の私がオール・オア・ナッシングという性格だから。一言でいえば〝頑張りすぎ〟。ストイックといえば聞こえがいいかもしれませんが、そこに幼少時代から引きずっているコンプレックスが加わり、痛い目にもずいぶん遭ってきました。

四人姉妹の次女として生まれた私は、しっかり者の長女と愛され体質の三女にはさまれ、家族の中でなぜかお調子者という位置づけでした。特に父には「お前はほんとに不細工だな〜」などとしょっちゅうからかわれ、それを真に受けていた私は「両親から愛されてない！」

という劣等感を持つようになっていったんです。

学生時代は、両親に愛されたい、ほめられたいという一心で勉強に励み、つねに優等生を貫いてきました。ところが大学入試では志望校の受験に失敗。進学校だったため同級生達が次々といい大学に受かっている中での挫折感は相当なものでした。

さらに短大1年生の時には自宅が家事で半焼し、その傷も癒えないうち交通事故にも遭遇。事故をきっかけに心霊現象のようなものを体験するようになったのですが、友達に相談したところ、気味悪がられたのか仲よしグループから無視されるように。そのショックで電車にも乗れなくなり、対人恐怖症やパニック障害で半年間休学することになってしまったんです。

頑張れば頑張るほど、ズレていってしまう私。埋まらない隙間を埋めたくて現在の事務所に履歴書を送り、芸能界のお仕事を始めることになりました。私という存在を必要としてもらえる場所を求めて。

バラエティー番組に出させていただくことが増えたころ、交通事故がきっかけで妖精（のようなもの）が見えるようになったという話がおもしろおかしく取り上げられ、釈由美子イコール天然、みたいになっていたことがありました。お笑いの方などが入れてくれるツッコミをオイシイと思えるほどバラエティー慣れしていなかった私は、「アホか！」とキツい言葉を投げかけられては、心の中で泣く日々。

その一方で相手の求めていることを感じ取って合わせてしまうところが私にはあり、みんなが期待する姿を演じてもいました。このころの自分のことを〝チャック由美子〟と呼んでいたのですが、テレビに出ているのは背中にチャックのある着ぐるみを着た釈由美子、つまりチャック由美子というわけです。

そんなふうに考えることで、本来とは違う自分を演じることから防御していたつもりが、しだいに本来の自分すら見失いがちになっていきました。たぶん、この生活をもう少し続けていたとしたら、まちがいなく自分が壊れていたと思います。

ところが、そんな生活にも転機がやってきました。『修羅雪姫』で映画主演のオファーをいただいて、体を鍛えるところから始まって役作りに没頭するようになっていったんです。グラビア時代も、スタイルに自信がないぶん自分なりにテーマを決めて、セリフのないお芝居をするように表情を作って撮影に臨んでいただけに、本格的に演技ができることはとても幸せでした。

　でもストイックになりすぎて、アクションの体作りから過激なダイエットに走ったり、役のキャラクターをプライベートに持ちこんで周囲を引かせることもたびたびありました。

『黒革の手帖』は演技を認められる転機となった作品で、悪女の山田波子という役は今ならノリノリで演じられると思うのですが、当時は悩みながらも感情移入しすぎてかなり役柄に入りこんでしまいました。なりきってしまったせいでカットがかかっても自分と役柄の波子が上手に切り替えられず、どこかに派手な波子が残っているのか、ワードローブに豹柄が増えていたり、なんてことも（笑）。

　ひとつの作品や役柄にそこまで入りこめるのは女優として強みかもしれませんが、自分が無茶をしていることを自覚しないままつっぱしってしまい、気がついたら体や心を酷使していることも少なくありませんでした。ようやく女優という自分の居場所を見つけられたにもかか

わらず、その好きな女優という仕事が、知らず知らずのうちに自分を追いつめているという皮肉な結果になっていたんです。

また、メンタルが弱いくせにプレッシャーやストレスを真正面から全身で受け止めてしまうため、反動が尋常じゃないんですね。大きな仕事の前は怖くて震えてしまうし、さらにひどい時は過呼吸になってしまう。コンプレックスの裏返しで過激なダイエットをしていたこともあり、倒れて病院に運ばれることもしょっちゅうでした。

こうやってふりかえってみて思うのは、このころの私は支離滅裂で、気持ちがいつも迷子だったなぁ……ということ。

20代まで私は、仕事にしてもダイエットにしても恋愛にしても、すべてにおいて強度な依存体質でした。つねに目の前のことに全力投球しているつもりでしたが、自分の中心となる核がない状態では、それはたどり着きたいゴールがないも同然なんですよね。その結果、鼻先にニンジンをぶらさげられた馬のようにいつまでも走ってしまって、頑張れば頑張るほど自分を壊しかけてしまう……。なんて愚かだったんだろうって、思います。

そんな私が変わったのは、20代後半に経験した失恋がとても大きかったように思います。それまではいつも頼っていた相手が突然いなくなったことで、嫌が応にも1人という環境にさらされ、「自分1人で生きていかなくては」という確固たる決意と自覚が芽生えました。「私を必要として！　愛して！　助けて！」と求めてばかりだった自分を卒業して、いつしか精神的に自立することができていたのだと思います。

苦しい思いもいっぱいしたけれど、ずっと「誰かに幸せにしてもらう」と考えていたのが、「自分の幸せは自分で作っていくしかないんだ」と気づけたことは、とても大きな転機になりました。

それからは、自分の内なるものを作ると思われる食に関してもより気を使うようになりました。体のコンディションがよくなってくると、今度はお芝居をしている時の感覚も研ぎ澄まされてきて……と、いろいろな部分でよい方向に歯車がかみ合うようになっていったのです。

今は自分の心に、自分の体の感覚にとても敏感になれています。何より自分がどうありたいか、どうしたいかって考えられるようになったのが一番大きな変化じゃないでしょうか。

そうなれたのも、欠点があっても不完全でも、それらを含めて全部が自分というふうに受け入れられるようになれたから。

スカスカだった自分の中身が満たされてくることで、〝愛をちょうだい、ちょうだい〟ばかりだったのが、自分に何ができるのか、何が届けられるのかという姿勢に自然と変わってきてもいるんです。

人って、こんなにも変われるんですよ。

でも苦しんで痛い思いをしたからこそ、今のこの状態が素晴らしいということがわかるんだと思うし、だからこそ私と同じような悩みを持っている人に前向きになれる何かを伝えられたらなって、すごく思うんです。

この『釈ビューティ！』のお話をいただいた時、正直いうとずいぶんと迷いました。オリジナルのメソッドを持っているわけでもなく、そんな私が本を出すなんておこがましいことだと思えたから。

少なくとも1年前にお話をいただいていたら、ありがたいこととは思いながらもお断りしていたかもしれません。

ただ冒頭から何度も書いているように、人一倍メンタルが弱くて失敗を繰り返してきた私だからこそ、伝えられるメッセージがあるのかもしれない。だんだんとそんなふうに考えるようになってきたんです。

最近になって「体ってこんなに素直なんだ！」と実感することが多くなり、それまでにはなかった開放感と充実感を感じることが増えています。ほんの1年前はまだ足踏みしていることのほうが多かったのに。そう思っているからこそ、ずっと暗闇から抜け出せず希望を失っている人達に、「こんな私でも抜け出せたんだよ！」と勇気づけることができるんじゃないかなって考えたんです。

『釈ビューティ！』というタイトルがあらわしているように、私が日頃実践している美容法やエクササイズ、食事のレシピなど釈流ビューティプログラムをご紹介するのがこの本の主旨。でも、体と心は決して切り離せないもの。健全な肉体に健全な精神は宿るといいますが、その逆も然り。弱さもコンプレックスも自分にしかない大切な個性だから、全部抱きしめてあげてほしいんです。

そのうえで、「ふんにゃかふんにゃか」とつぶやきながら、みんな一緒に、より健康に、より美しくなっていきましょう！

あとがき

ダイエットやビューティは女性にとって永遠のテーマでもあるし悩みは尽きないもの……。だからもっと楽しくもっと健康的に向き合っていきたいですよね。

今回、初めての美容本を出させていただくにあたり、読んでくださる方に精一杯の感謝の気持ちをこめて、今私が持っているすべてのビューティ法やおすすめの商品を「これでもかっ！」っていうくらい、1冊にぎゅっ!!!　とたくさんご紹介させていただきました。

ですがこれが、私のたどり着いたゴール！　だとは思っていませんし今もなお、試行錯誤しながらまだまだ模索中です（笑）。

そもそもコンプレックスをまったく持っていない人なんているのでしょうか。「おぎゃあ〜」と生まれた赤ちゃんの時は何も考えてなかったハズなのにね。いつのころからか他者と比べ、自分を減点し、どんどん、自信がなくなっていき、どんどん、自分がなくなっていった……。少なくとも、私は、こんなうっとうしいやつでした（汗）。

誰よりも失敗と挫折を繰り返し、あらゆるダイエット法を渡り歩いていた、そんな私が最近、何となく感じた結論。カロリーや体重に目くじらをたてるのではなく、日々の何でもないことをちょこっとだけ、ていねいに。自分に愛情を持って生活するだけで、とってもやさしい気持ちになれる。体が、それに応えてくれる。そんな、積み重ねでいいのかもしれない…。

コンプレックス？　あぁ。結構。自信がない？　はぃ。だから努力するんです。いいわけせず、見て見ぬふりもせず正々堂々と向き合ってあげてください。コンプレックスを味方にし、うまくつき合っていければ努力だと感じないほど苦じゃなくなるし、頑張ってる自分を嫌いだなんて、いわなくなります。そして、ほんのちょっとでも体がそれに応えてくれたら、思いっきり自分をほめてあげてください。誰かにまだ気づいてもらえてなくてもめいっぱい、いいこいいこしてあげてください。体は、うれしくてさらなるミラクルを起こしてくれるから……。おだててやる気にさせたら、こっちのもんです♪ダイエットなんてナーバスになったら負けですから、気楽に、楽しみながらいきましょう。あなたが、誰よりも一番自分を慈しみ、愛してあげることがきれいへの何よりの近道だと思うんです。

この本がきっかけで自分史上最高大好きなあなたになってもらえるような、そんな力になれたら幸せです。最後に、素敵な帯のコメントをくださった林真理子さん、いつも私の体の変化を見続けてくださっている加藤康子先生、この本を出す機会を与えてくださったワニブックスの青柳さん、温かく協力してくださったすべてのスタッフの皆様そして、最後までマニアックでストイックな釈由美子のダイエット法に興味を持って読んでくださった読者の皆様には、心から感謝の気持ちでいっぱいです。本当に本当にありがとうございました!!

また、いつかさらなる進化をお見せできる自分であるようこれからも頑張ります♪

ふんにゃかふんにゃか、ねっ！（笑）

２００９年１月　釈　由美子

マックスファクター　0120-021325
万田発酵　0120-00-5339
ミトク　0120-744-441
メディアワークス・ブルーム　03-5419-8525
メディカライズ　0077-2337-3636
メテックス　03-3589-3300

や
ヤーマン　0120-776-282
ユーティウェーブ　0729-55-9741

ら
レイシスソフトウェアーサービス　0120-014-549
ロクシタン ジャポン　03-3234-6940
ロレアル プロフェッショナル　03-6911-8321

衣装協力

P10 トップス、ショートパンツ　（adidas by Stella McCartney／アディダス ジャパン）
P16　トップス、パンツ　（adidas by Stella McCartney／アディダス ジャパン）
P20　タンクトップ、ショートパンツ　（adidas sports／アディダス ジャパン）
P46 セットアップ　（VIRO girl）
P50 タンクトップ、ショートパンツ　（adidas by Stella McCartney／アディダス ジャパン）
P65 インナータンクトップ　（adidas by Stella McCartney／アディダス ジャパン）
P67 ワンピース（Inestimable／Inestimable 神南店）ピアス　（アビステ）
P69 ワンピース（MEDIUM） ネックレス（Inestimable/Inestimable 神南店）ピアス　（アビステ）
P91 ニット（True Brit）
P94 チュニック（GAMBLE FISH／イニシアル）
エプロン　（Afternoon Tea LIVING／アフタヌーンティーリビング）
P108 デニム　（True Brit）

※クレジット表記のないものはスタイリスト私物

【衣装お問い合わせ先】

アディダス ジャパン／東京都新宿区矢来町 77　☎ 0120-81-0654（お客様窓口）
アビステ／東京都港区南青山 3-18-17　エイジービル　☎ 03-3401-8101
アフタヌーンティーリビング／東京都渋谷区千駄ヶ谷 2-11-1　☎ 0800-300-3312
イニシアル／東京都港区南青山 5-3-10　From 1st #307　☎ 03-6418-0012
Inestimable 神南店／東京都渋谷区神南 1-18-2　☎ 03-3462-0608
True Brit／大阪府大阪市中央区本町 2-2-7　本町ビル 9F　☎ 06-6266-0327
VIRO girl／東京都港区南青山 5-4-30　南青山 YSS ビル 3F　☎ 090-1993-9015
MEDIUM／東京都豊島区千川 1-16-1　☎ 03-5986-0608

※ 商品の使用感や効果には個人差があります。
※ 本書に記載されている情報は 2009 年 1 月時点のものです。
商品の価格、店舗情報などは変更になる場合もあります。

問 い 合 わ せ 先

あ

アサヒ緑健　0120-003-003

アシックス　03-3624-1814

芦野温泉　0287-74-0211

アルロン・ジャパン　0120-579012

イー・エフ・インターナショナル　03-3226-5688

エスティ ローダー　03-5251-3386

エストリンクス　http://www.estlinks.com/

エバニュー　03-3649-4710

沖縄ホーメル　098-895-3311

か

カシウエア　03-3402-0990

カマタニ自然生活研究社　06-6420-8188

カリタ　0120-006-336

京のくすり屋　0120-752-891

グッズマン　075-353-1778

クナイプジャパン　045-433-9477

グルーブセブ ジャパン　0570-077772

ケラスターゼ　03-6911-8333

高陽社　058-398-6544

コジット　06-6962-1541

コスメ・デ・ボーテ　03-5449-8100

コティ・プレステージ・ジャパン　03-5413-1062

小西製薬　072-981-2429

さ

サーチ　0120-261-007

さわやか元気　0120-553-444

サンシナジー　042-499-2209

資生堂 お客様窓口　0120-81-4710

シャネル カスタマー・ケア・センター（香水・化粧品）

0120-52-5519

ジャンパール　0120-77-0469

シュウエイトレーディング　03-5719-0249

スタジオボディデザイン　03-3470-8111

SUQQU　0120-988-761

セイエイ　072-637-8788

成城石井 成城店　03-3482-0111

た

タカミラボ　0120-291-714

TAYA　03-5772-8412

デラ　0120-337184

東洋ライフサービス　0120-4874-41

ドゥ・ラ・メール　03-5251-3541

常盤薬品工業（サナ）　0120-081-937

な

ナリス化粧品　0120-71-9000

ニシ・スポーツ　03-3637-3352

ニューウェイジャパン　0120-811-760

ニュースマイルアンドカンパニー　03-6801-6801

ノーリツ エレクトロニクス テクノロジー

0120-781626

は

秦運動具工業　072-960-3695

パナソニック　0120-878-365

ビオテルム　03-6911-8350

ファンケル　0120-35-2222

フィットネスアポロ社　03-5793-7011

フィトメール　0120-410-555

フジッコ　0120-15-2425

古川　0952-23-7283

フルッタフルッタ　0120-265-726

ま

マイク・コーポレーション　03-3770-7403

Shaku Beauty

STAFF
撮影／中村カズ（カバー、P10～P61、P76～P91、P104、P108、P114、P116）
吉原朱美（P64～P71、P94～P103、P105～P107、P109）
スタイリング／倉科裕子
ヘアメイク／佐々木篤
デザイン／白井力　大塚愛乃（Soak）
構成／鷲頭文子　西山紀子（Wild Berry）
レシピ協力／堤人美（mocchi）
調理協力／小澤利江　川嵜真紀（mocchi）
協力／TOMMY'S COMPANY
プリンティングディレクター／富岡隆（凸版印刷）
編集協力／山根隆子
編集／青柳有紀　杉本透子（ワニブックス）

『釈ビューティ！』
釈由美子 著

2009年2月14日　初版発行
2009年3月20日　3版発行

発行者　横内正昭
発行所　株式会社　ワニブックス
〒150-8482
東京都渋谷区恵比寿4-4-9
えびす大黒ビル
電話　03-5449-2711（代表）
　　　03-5449-2716（編集）
振替　00160-1-157086
ISBN978-4-8470-1818-3
印刷所　凸版印刷株式会社
製本所　ナショナル製本